Tirso de Molina

La joya
de las montañas

Barcelona **2024**
Linkgua-ediciones.com

Créditos

Título original: La joya de las montañas.

© 2024, Red ediciones S.L.

e-mail: info@Linkgua-ediciones.com

Diseño de cubierta: Michel Mallard.

ISBN rústica: 978-84-9816-510-4.
ISBN ebook: 978-84-9953-227-1.

Sumario

Brevísima presentación

La vida

Tirso de Molina (Madrid, 1583-Almazán, Soria, 1648). España.

Se dice que era hijo bastardo del duque de Osuna, pero otros lo niegan. Se sabe poco de su vida hasta su ingreso como novicio en la Orden mercedaria, en 1600, y su profesión al año siguiente en Guadalajara. Parece que había escrito comedias y por entonces viajó por Galicia y Portugal. En 1614 sufrió su primer destierro de la corte por sus sátiras contra la nobleza. Dos años más tarde fue enviado a la Hispaniola (actual República Dominicana) y regresó en 1618. Su vocación artística y su actitud contraria a los cenáculos culteranos no facilitó sus relaciones con las autoridades. En 1625, el Concejo de Castilla lo amonestó por escribir comedias y le prohibió volver a hacerlo bajo amenaza de excomunión. Desde entonces solo escribió tres nuevas piezas y consagró el resto de su vida a las tareas de la orden.

El martirio y el Islám

El obispo Arcisclo se presenta en la corte de Bohemia con el propósito de pedir la mano de Eurosia para Fortunio Garcés, príncipe de Aragón.

El obispo relata allí cómo el Islám se extiende por España. La princesa acepta inspirada por un ángel pero es apresada por los musulmanes y pretendida por uno de sus oficiales. Al final de la pieza Eurosia prefiere el martirio antes que someterse a hombres de otra religión.

Personajes

El rey de Aragón
El príncipe, Fortunio Garcés
El conde de Aznar
Mosquete, gracioso
Leonor, dama
Laura, criada
Un Ángel
Eurosia, princesa de Bohemia
Cornelio, príncipe
Arcisclo, obispo
Bodoque, lacayo
Atanael, capitán moro
Tarife, moro
Mecot, moro

Jornada primera

(Salen Eurosia y Bodoque.)

Bodoque   Yo lo pensaré despacio.

Eurosia   Tu desatención me admira.
                   ¿No basta que yo te ruego?

Bodoque   Sí, señora; mas —¡por vida
                   de Bodoque!— que a cualquiera
                   que tiene ley conocida,
                   no pasando a mejorar,
                   el mudar le hará cosquillas.

Eurosia   El mejorar en la ley
                   es verdad bien clara y limpia,
                   y pues razones no bastan
                   a postrar tu rebeldía,
                   basta ver que todo el pueblo
                   y aun el reino lo confirma,
                   pues que ya desengañada
                   de la ciega idolatría,
                   toda Bohemia promete,
                   con inspiración divina,
                   seguir a Cristo; ¿y tú sola
                   con tan dañosa porfía
                   quieres resistirte,
                   necio, a tan soberana dicha?

Bodoque   Ya estuviera convertido
                   si no por aquella lista
                   de los mandamientos.

Eurosia   ¿Cómo?
                              ¿Tanta gente convertida
                              no te mueve?

Bodoque   No muy mucho,
                              porque mi abuela decía
                              que de espacio se arrepiente
                              quien se determina aprisa.

Eurosia   ¿Es posible que no bastan
                              tantas pláticas divinas
                              de Metodio a convertirte?

Bodoque   Sí, señora; mas las tripas
                              me dicen que no importa
                              seguir aquella doctrina
                              que me obligará a ayunar.

Eurosia   Esta ley es tan benigna
                              que solo obliga a quien puede
                              abstenerse algunos días
                              de alimentarse a deshora;
                              y quien con acierto mira
                              las cosas de Dios, bien puede
                              experimentar debidas
                              abstinencias en la ley
                              para conseguir la dicha
                              de ser amado de Dios.

Bodoque   Harto bien me solicita;
                              mas agora, muerto de hambre,
                              que no he comido en dos días,
                              ¿cómo quiere que yo crea
                              en ayunos, aunque diga

que son buenos, si, al contrario,
conozco por mi desdicha
que los días que no como
no tengo más malos días?

Eurosia   ¡Qué mal entiendes, Bodoque,
de aquella esencia infinita
los impulsos soberanos!
La gula solo apadrinas
para estorbo a tantas luces
de católicas doctrinas.
¿No has oído en el sermón
las historias repetidas
de tantas dichosas almas
que con esta fe divina
de la gracia resplandecen,
fulgentes rayos de Cintia,
en el cielo?

Bodoque   No me acuerdo.

Eurosia   ¡Qué neciamente te olvidas!

Bodoque   ¡Si siempre me da el sermón
un sueño tan sin medida!
Yo pienso dar en letargo
si mucho más me predica.

Eurosia   ¿A dormir vas al sermón?
Tu necedad me lastima.

Bodoque   Señora, con eso cumplo
con lo que el sermón decía,
que en latín, si no me engaño,

	como a quien se lo entendía,
	me dijo, dormite jam,
	y fue en mí moción tan viva,
	que me convertí al instante,
	pues todo el sermón dormía.

Eurosia
Tus necedades me cansan,
y pues tan necio porfías
en resistirte a mis ruegos,
yo haré que mi padre siga
mi parecer y te saque

(Aparte.)
de palacio. (¡Luz divina,
no neguéis vuestro esplendor
a quien mi amor solicita!)

Bodoque
Ya parece que acá dentro
me están convirtiendo aprisa.

Eurosia
De Dios fío este favor;
un poquito te retira,
que a solas quiero quedarme.

Bodoque
Bien está; mas, tripas mías,
si a la cocina llegare
no tendréis muy mala vida.

(Vase. Saca Eurosia un retrato de un crucifijo, que tendrá en el pecho.)

Eurosia
¡Divina luz de mis ojos,
alumbrad los corazones
que están haciendo baldones
de vuestra ley; y en despojos
de sus vencidos arrojos,
con la debida humildad

os doy mi virginidad,
y con entera afición,
alma, vida y corazón,
con pureza y castidad!

(Sale Bodoque corriendo y comiendo un pedazo de carne.)

Bodoque   Señora, que viene allí
vuestro hermano en compañía
del obispo de Lusacia.

Eurosia   ¿Qué querrá su señoría?
¡Oh, quién pudiera, Bodoque,
diferir esta visita!

Bodoque   Deben de querer comer,
que está a punto la comida.

Eurosia   ¿Qué es esto? Sucio, asqueroso,
¿carne comes este día?

Bodoque   Señora, que no la como.

Eurosia   ¿No sabes que está prohibida
por la iglesia?

Bodoque   Sí, señora;
mas acá dentro, en las tripas,
tengo un rincón donde guardo
esta poca fiambrería
para alguna colación.

Eurosia   ¡Ah, qué necia es tu porfía!

(Salen Arcisclo, obispo, y Cornelio.)

Arcisclo
¡Con qué espíritu y fervor
el predicador inclina
las almas con santo celo
a proseguir la divina
carrera de la virtud!

Cornelio
Es Metodio quien aspira
a la salvación del alma
desterrando idolatrías
que en toda Bohemia andaban,
y con eso se ejercita
a dar en pláticas santas
el fruto de su doctrina.

Arcisclo
A la princesa he de hablar
y deseo que reciba
con cariño la embajada
sola, en vuestra compañía.

Cornelio
El cuarto de Eurosia es éste,
y mi hermana la que miran
como enojada mis ojos.
Sin duda estará ofendida
de vernos aquí, que pasa
en virtud tan fuera mida,
que el retiro la recata
o el recato la retira;
pero en conociendo, creo,
hoy a vuestra señoría,
reconocerá dichosa
lograr tan buena visita.
¿Hermana Eurosia?

Arcisclo	¿Cornelio?
Cornelio	Dios te guarde, hermana mía. Nuestro tío es quien desea, así Dios se lo permita, hablar con los dos de espacio.
Eurosia	La obediencia solicita corresponder cariñosa en ocasión tan precisa.
Bodoque (Aparte.)	(Algún sermoncito habrá; mala la verán mis tripas si esto dura tanto o cuanto.)
Arcisclo	Escucha, hermosa sobrina, que, pues estamos a solas, antes que otra compañía sea de la atención estorbo, deseo darte noticia de algunas cosas que a todos nos han de ser de alegría.
Eurosia	¡Ay, señor, válgame el cielo! Nunca mi Dios me permita la menor inobediencia; solo quisiera este día servir al suelo de alfombra por las plantas que le pisan.
Arcisclo	Estimo vuestra humildad.
Eurosia	Ser vuestra esclava es gran dicha

Arcisclo	Esclavitudes hay nobles que ensalzan a los que humillan.
Bodoque (Aparte.)	(Esto se anda en cumplimientos, y lleve el diablo sus vidas si el obispo no anda a caza de alguna sobrada mitra.)
Arcisclo	Importa que ese criado se vaya.
Bodoque (Aparte.)	(¡Qué brava risa! ¿Cuánto me dará que vaya y no vuelva acá en mi vida?)
Cornelio	Señor, éste es un criado que desde su niñez misma ha vivido en el palacio de mi padre y es la risa de toda la corte, y pienso, según acá se imagina, que por ser poco constante en lo poco a que se inclina, y haberse vuelto cristiano, hoy mi hermana solicita tenerle consigo siempre, por lo poco que en él fía.
Arcisclo	Pues quede acá, que no importa, que capacidad sencilla a nadie puede ofender.
Bodoque (Aparte.)	(Pues gánome las albricias

y me quedo.) ¡Ah, señora!
¿Iré a avisar a Llocinda
que haga algún guisado nuevo?

Eurosia

En comida o en bebida
es todo tu anhelo siempre.
¿No es mejor oír la misa,
acudir pronto al sermón,
pegarse una disciplina,
tener continua oración,
ayunar algunos días
y servir a Dios gustoso
con la conciencia muy limpia?

Bodoque

Todo aqueso lo concedo;
por señal que el otro día
el cura me prometió
decirme treinta y tres misas
y treinta y cinco sermones.

Eurosia

¿Por qué?

Bodoque

Porque el otro día,
estándose espeluznando,
y hay quien dice tiene tiña
porque está todo pelado,
pasó una ave de rapiña,
y con furióso ademán
le quitó la gorretilla.
Cayósele luego al punto
junto a casa de Llocinda,
y ella que la vio caer
a su casa la retira,
sin duda para limpiarla,

que la muchacha es muy limpia,
y el otro día cenando
en su casa, que por dicha
me convidó, por mi suerte
la hallé dentro una morcilla.

Eurosia   ¡Y que esa limpieza alabes!

Bodoque   ¡Es para mí cosa rica!

Eurosia   Ya te he dicho muchas veces
no te ausentes de mi vista
sin mi licencia.

Bodoque   Está bien.

Eurosia   Sepa vuesa señoría,
tío y señor, que mi anhelo
es conservar, si por dicha
pudiese, en este criado
la cristiana disciplina,
pues de sus primeros años,
antes que mi madre en cinta
de mí estuviese, y aun antes
que de la idea divina
donde todos los posibles
tienen su ser, a la dicha
de ser actual persona,
con inspiración de vida
la omnipotencia de Dios
me trasladase propicia,
en servjcio de mis padres
estaba ya muchos días
sirviendo de bullicioso,

y no quisiera, advertida
de su inocencia, malogre
de ser cristiano la dicha.
Con este celo, señor,
de la virtud noble guía,
a las razones de estado
he faltado inadvertida;
perdón os pido, señor,
y si vos mandáis que os sirva,
en cuanto os fuera de agrado
os serviré de rodillas.

Arcisclo   Alzad, ilustré señora,
                  querida y noble sobrina,
                  que en princesas como vos
                  tanta humildad no se estila.

Eurosia   De cualquier modo, señor,
                  a vuestra planta es debida
(Aparte.)   esta acción. (¡Ay, Jesús mío!
                  ¿Qué será esto a que aspira
                  mi tío?)

Arcisclo   Escucha, señora,
                  que, pues la ocasión obliga,
                  sobre cosas de importancia
                  quiero hablaros este día,
                  si me diéredes licencia.

Eurosia   Vuestra voluntad es mía.

Arcisclo   Pongo toda mi embajada
                  en palabras muy sucintas.

Eurosia	¡Ah, Bodoque!
Bodoque	Ya te entiendo; por Bodoque rastra sillas.

(Siéntanse.)

Arcisclo	Bien sabes, princesa ilustre, aquel estrago tremendo de la destrucción de España el año de setecientos y diez y seis, según dicen los coronistas del tiempo, y que parcial causa fue de tan lastimosos hechos el rey inicuo Ubitiza porque introdujo en el reino tantas enormes costumbres contra Dios y contra el cielo que, por ser tan mánifiestas, referirlas es superfluo. Dio complemento a la causa, aunque no sé yo si es cierto, que aunque el mundo lo publica puede ser falso el concepto. El rey de España Rodrigo, de los godos el postrero, dicen que estupró a Florinda —idesdichado atrevimiento!— hija del conde Julián, y sentido el caballero de tan deshonesta acción, pasó en África, con celo de levantar escuadrones

de bárbaros sarracenos
para destruir a España
y dar al rey el más cierto
pago de su vil acción;
y prosiguiendo su intento
puso por ejecución
su bárbaro pensamiento.
En España perseveran
—¡extraño rigor del cielo!—
de aquel pérfido Mahoma
las leyes y los decretos.
Solo se excepta Aragón,
que de sus montes soberbios
hacen fortines que espantan
los mauritanos intentos,
defendiendo valerosos
la ley del manso Cordero
que, sacrificado en aras
de aquel sagrado madero,
sacó a los hombres que estaban
en el común cautiverio.
García Íñiguez, su rey,
empuñó el sagrado cetro,
y ya el segundo Adriano,
vicario de Dios supremo,
le apadrina desde Roma
como merece su afecto,
cuya beatitud sagrada,
con amor y santo celo,
me quiso honrar con mandarme
viniese a Bohemia luego
con una cierta embajada
a vuestros padres; y creo
que quiso honrar mi persona

solo por ser vuestro deudo.
Comuniqué a vuestros padres
la voluntad del supremo
pontífice, y me responden
que será el mayor contento
que puede darles el mundo
si se lograre su intento.
Importa, pues, noble Eurosia,
que como tal os venero,
perdone el sacro decoro,
que sin ajar tu respeto
he de arrojarme a deciros
que para el sacro himeneo
con don Fortunio Garcés,
varón justo y verdadero
y príncipe de Aragón
os tiene escogida el cielo.
Vuestros padres lo desean,
y yo os suplico, rindiendo
mi persona a vuestras plantas,
no se malogre mi afecto,
así vea a vuestra alteza
con las dichas que deseo.

Eurosia (Aparte.) (¡Ay de mí! ¿Qué turbación
es la que tiene mi pecho?
¡Si acertaré a responder!
Déme su favor el cielo.)
Tío y señor, mucho estimo
vuestra voluntad y afecto.

(Aparte.) (Cielos, ¿he de resistirme?)

(Dentro.)

Ángel	El fin es bueno y honesto.
Eurosia	Una voz oigo que dice: «El fin es bueno y honesto.» Si es el ángel de mi guarda, que así lo juzgo y lo creo, bien podré yo dar el sí sin que Dios se ofenda de ello, que si le ofrecí gustosa mi virginidad al cielo, no ha de permitir me falte valor para el complemento. Pues digo, señor, que admito lo que me tenéis propuesto, y me pena haber tardado a resolverme, pues tengo por cierta mi dicha, estando vuestra persona por medio.
Arcisclo	Sois muy prudente, sobrina.
Eurosia	¿Qué te parece, Cornelio?
Cornelio	Yo estoy, hermana, que adoro tan bien acertado intento. Tomar estado es cordura; diferirlo no es acierto. Vuestra edad apenas entra en los tres lustros y medio, y podrá ya coronarse del puro y sacro himeneo. Yo os ofrezco, hermana mía, si no me falta el aliento, acompañaros gustoso.

Arcisclo	Pues yo lo mismo prometo.
Bodoque	¿Y yo piensan que no iré, a darme entre burla y juego, cuatro o cinco buenos días?
Eurosia	Con tales socios bien puedo ir. ¡Hermoso Sol divino, acompañad mis deseos!
Bodoque	Éstos deben ser los sucios, porque según de mí pienso, soy un hombre muy pulido, y crean que si me afeito no hay muchacho como yo para andar en casamientos.
Cornelio	De dicha tan singular parabienes me prevengo.
Arcisclo	Bien podéis creer, sobrina, que estoy loco de contento.
Eurosia	A mi cuarto me retiro a dar a Dios lo que debo.
Cornelio	Hermana, el cielo os asista y os haga ilustre dueño de la corona de España.
Arcisclo	Sobrina, ayúdeos el cielo.
Eurosia	Adiós; tío; adiós, hermano.

(Vase Eurosia.)

Bodoque   Ojalá que empuñe el cetro,
aunque me cueste de casa
lo que Dios quiera por ello.

Cornelio   Y yo, por dar a mis padres
noticias de este suceso,
voy al punto.

Arcisclo   Yo también
soy nuncio de su contento.

(Vanse Cornelio y Arcisclo.)

Bodoque   El obispo se hace nuncio;
¿cómo puede ser? Mas cierto
que debe andar a la parte
de la ganancia, y por eso
en lo público es obispo,
pero nuncio en lo secreto;
para ganar las albricias
corro por llegar primero.

(Vase. Salen el Conde de Aznar y Mosquete envainando las espadas.)

Conde   Mejor van descalabrados
de lo que yo presumí.

Mosquete   Escondámonos aquí
por si vienen más soldados
   de estos morazos. ¡Qué fiero
iba aquel calzaparrillas!

	¡Ay, pobres de mis costillas!
Conde	¿Adónde vas, majadero?
Mosquete	A esconderme aquí.
Conde	Pues ¿cómo? ¿Qué temes, si estás conmigo?
Mosquete	Temo siempre que te sigo porrazos de lomo a lomo. Apenas los dos herejes seguiste, cuando vinieron seis o siete, que me dieron, sin que de mi honor te quejes, mil cuchilladas aquí.
Conde	Pues ¿por eso has de esconderte? Villano, has de ser muy fuerte o jamás irás con mí. ¡Ay, Leonor, extraño caso! Cuando Marte más me busca el niño dios más me ofusca. ¡Que me quemo, que me abraso! Hermosísima Leonor, ¡qué veloz mi amor se fragua!
Mosquete	Pues arrójate en el agua si tienes mucho calor.
Conde	¡Ay, Mosquete, cómo ignoras del niño ciego los tiros! Son envenenados giros de Circes encantadoras.

¿Quién como yo desdichado
tiene de qué se quejar?

Mosquete   La triaca puedes tomar
por si estás envenenado.

Conde   ¿No sabes que una mujer
es de mi alma hermoso nicho?

Mosquete   Pues si nunca me lo has dicho,
¿cómo lo puedo saber?

Conde   Leonor, aquella ingrata,
con su desdén me atropella;
Leonor es la centella
que con incendios me mata;
   Leonor es por quien vivo
amante de sus rigores,
y entre estos mis ardores
muero de su amor cautivo.

Mosquete   ¡Jesús y qué disparates
en tu grave pecho encierras!
¿Agora en tiempo de guerras
con mujercillas combates?
   Dices que Leonor te mata,
que ella tiene tu alma viva,
ella dices te cautiva
y te favorece grata;
   todas son contradiciones
de una loca fantasía,
y si das en la manía
de tan necias presunciones,
   ¿qué diablo te ha de entender?

Conde	Damas hay de mucha estima,
	mas como mi hermosa prima
	no tiene el mundo mujer.

Mosquete   No me espanto estés tan tierno
            por esa dama Leonor;
            mas presumo que su honor
            llevarás aún al infierno.

Conde   Siempre a mi gusto te opones
            con muy toscas necedades.

Mosquete   Pues si va a decir verdades,
            soy tu amigo. ¿Qué dispones?

Conde   Importa, Mosquete amigo,
            si quieres darme consuelo,
            que aqueste papel de un vuelo
            le lleves. ¿Estás conmigo?

Mosquete   Sí, señor.

Conde   Pues mira, advierte
            que si al príncipe topares
            no le digas mis pesares,
            porque fuera darme muerte.
                Toma, vete.

(Dale el papel.)

Mosquete   Ya tercero
            me voy haciendo a mi ver.

Conde	¿Por qué?
Mosquete	Nunca puedo ser ni segundo ni primero.
Conde	Cuando el amor es honesto no es deshonra fomentarle.
Mosquete	Pues yo imagino obligarle honestamente, y con esto me llaman todos Mosquete, que es algo más que arcabuz; pero en mí, por esta cruz, que es lo mismo que alcahuete.

(Vase Mosquete.)

Conde	Sale el Sol por el cielo luminoso las nubes pardas de oro perfilando, y con su luz los montes matizando ilustra el campo su zafir hermoso. Veloz pasa su curso muy furioso y cuando la quietud solicitando halla otro mundo que voceando al Sol le pide su esplendor hermoso, a la campaña salgo defendido de fuertes rayos de mi estoque ardiente quien se rinde el bárbaro vencido. Y cuando de el descanso solamente busco un instante, torpe mi sentido me acomete el amor eternamente.

(Sale Mosquete corriendo.)

Mosquete	Señor, el rey viene aquí
	y él príncipe, no sé a qué;
	a Leonor no la topé
	en su casa, y advertí
	.... [-era]
	.... [-é]
	lo que despúes te diré.
Conde	No quisiera que me vieran
	ocioso en esta ocasión,
	que al verme así coligieran
	de mi semblante, o tuvieran
	sospechas de mi pasión.
Mosquete	¡Ay, que llegan!
Conde	Ven conmigo;
	abrevia el paso, apresura.
Mosquete	En cualqulera conjetura
	como sea huír te sigo.

(Al irse topan a Leonor y Laura que salen.)

Conde	¡Ay cielos, y qué ventura!
Leonor	¿Adónde, conde y señor?
	¿adónde vais tan de prisa?
Conde	¡Ay de mí, bella Leonor!
	Tocando al arma precisa
	dar alas a mi valor.
Leonor	Siempre vais muy ocupado

en negocios de la guerra.

Conde   Con mucho ardor abrasado,
los que hoy mi pecho encierra,
me tienen puesto en cuidado.

Mosquete   Vamos luego sin tardar,
porque llegan, ¡voto a Cristo!

Conde   Sin ti me voy a penar.

(Salen el Rey y el Príncipe.)

Leonor   Ya no os podéis apartar,
porque entiendo que os han visto.

Rey   La fortuna se mejora,
pues en este mismo día
la victoria da alegría
y otra nueva me atesora
el bien que más convenía.
    Pero ¿no es aquéste el Conde?

Conde   A vuestros pies, gran señor,
postro mi alma y mi valor.

Rey   A mis brazos corresponde
vuestra lealtad. ¿Leonor?

Leonor   Señor, postro agradecida
mi humildad a vuestras plantas.

Rey   Levanta.

Príncipe	Prima querida:
	belleza tan recogida,
	¿cómo sale a luces tantas?
Leonor	Acaso, señor, salí
	a divertir un cuidado
	con esta criada, y vi,
	sin saber que estaba aquí,
	al conde con su criado.
Rey	Y Mosquete, ¿también fue
	a la campaña?
Mosquete	Acomete
	como un rayo, porque sé
	que no vale mi amo un cé
	si no va con él Mosquete.
Rey	Las gracias, conde, os doy
	de la victoria pasada.
Conde	Vuestro leal vasallo soy.
Príncipe	Muy asegurado estoy
	del valor de vuestra espada.
	No sin causa el mundo todo
	de la guerra os llama rayo,
	pues con valeroso modo
	sois venganza del rey godo,
	del sarraceno desmayo.
Conde	A vuestro lado, señor,
	cualquier soldado es valiente.

Príncipe	Con solo vuestra valor ha de extinguirse el furor de aquel bárbaro insolente.
Mosquete	Tomad, Leonor, esta carta que un caballero os envía; perdonadme la osadía, que el oficio me descarta de cualquiera cortesía.
Leonor (Aparte.)	Sin saber de quién, la tomo. (Mas el corazón advierte cúyo es el papel, de suerte que adivina; no sé cómo mis disimulos acierte.)
Príncipe	¿Cúyo es el papel?
Mosquete	¿Señor?
Príncipe	A mi prima, ¿quién le escribe?
Mosquete	Otro primo que aquí vive, que es pariente de Leonor, y sus despachos recibe.
Príncipe	¿Quién con tanto atrevimiento, sabiendo que yo la adoro, se arroja a tener intento de escribirla?
Mosquete	¿Hay tal cuento? Ayer lo supe de coro y hoy a vistas no lo sé.

Yo pienso que lo escribí,
y turbado me engañé,
que el papel de Laura fue,
aunque a Leonor le di.

Conde

   ¿Hay desatención igual?
¿Hay simple como Mosquete?
Aparta, bruto, animal.

Mosquete

Eso tiene el alcahuete
que sirve tan puntual.

Príncipe

   ¿No es éste vuestro criado?
¿Cómo es tan inadvertido?

Rey

¿Qué es aquesto?

Conde (Aparte.)

          (Cielo airado,
¿en qué os tengo yo ofendido?)

Leonor (Aparte.)

(Mal Mosquete lo ha entendido.)

Príncipe

   Del semblante conocí,
prima, del papel el dueño.

Leonor

Señor, nunca presumí...

Príncipe

No es tiempo de dar aquí
satisfacción del empeño.

Rey

   Retiraos a esotra parte,
que a solas tengo que hablar
con Fortunio.

34

Mosquete	¡Lindo azar!
	Vamos, Laura, que contarte
	quiero lo que has de estimar.

(A una parte el Rey y el Príncipe Fortunio, a otra el Conde y Leonor, y otra Mosquete y Laura.)

Rey	Fortunio, el retrato es éste;
	contempla la hermosa cara
	de princesa tan ilustre
	y de reina tan cristiana
	para que cases con ella,
	que es la dicha más extraña.
	El príncipe de la iglesia
	con santo celo te llama
	dichoso esposo de Eurosia,
	de cuya virtud la fama
	por todo el orbe extendida
	sus perfecciones esmalta.

Príncipe	¿Que es esto, cielos divinos?
	¡Qué pintura tan bizarra!
	¿Puede haber más perfección?
	Ninguna pienso la iguala
	en cuanto calienta Febo
	ni en cuanto Neptuno baña.

Conde	Y en tanta ausencia, mi bien,
	¿puede haber alguna falta?

Leonor	Soy bronce en esta materia,
	soy noble y tan obligada
	a cumplir lo que prometo,
	que antes quedaré sin alma

que sin tus memorias viva.

Rey   Es su pintura extremada.

Príncipe   ¡Qué humildad tan excelente!

Conde   Logro de mis esperanzas
               serás, mi bien; mas es cierto
               me voy con tristeza tanta
               que aunque dentro el corazón
               te llevo, joyel del alma,
               temo —¡ay de mí!— perderte.

Leonor   ¡Y qué poca confianza
               haces de mi noble pecho!

Conde   Fío mucho en tu constancia,
               pero no en Amor, que es niño.

Leonor   Tus intenciones son claras;
               ya estás entendido, conde.
               ¿Quieres que contigo vaya
               hecha enternecida Venus,
               disfrazada en fuerte Palas
               aunque muera? Desde aquí
               no tengo de estar en Jaca,
               contigo tengo de ir siempre.
               Siempre he de seguir tus plantas,
               soldado he de ser valiente
               en la más cruel campaña
               que el más tirano enemigo
               ordenase, y con mi lanza
               he de hacer tales estragos
               y he de ser tan arrojada,

	que pueda perder la vida
	para que puedas contarla
	entre las que se perdieron.

Conde	Tente, tente, que me matas.
	Perdona, hermosa Leonor,
	de tus enojos la causa.

Mosquete	Pues hable claro, señora.
	Diga usted, señora Laura:
	¿ha tenido nunca amor?

Laura	Nunca estuve de eso falta
	después acá que te vi.

Mosquete	No estás mucho enamorada
	cuando no me das un beso.

Laura	Vaya en mucho enhoramala,
	que es un pícaro.

Mosquete	No tal;
	¿por pedírtelo me tratas
	de esta suerte? Pues ya sé
	que tienes alguna falta.

Laura	¿Yo falta? Mientes, villano,
	que dé todo estoy sobrada.

Mosquete	Por lo menos, sí de lengua;
	mas de juicio, ¡calabaza!

Príncipe	Al original me apelo,
	pintura hermosa del alma,

que me provoca el pincel
a ser amante idolatra.

Rey   Dichoso serás, Fortunio,
si con tu mano se enlaza
la de esta princesa ilustre,
y es muy evidente y clara
tanta dicha, porque el cielo
es quien aboga esta causa.

Conde   Sé que el príncipe te adora
y su mano soberana
se llevará la que el cielo
crió para mi desgracia.

Leonor   No llevará, que primero
ha de ser mi pecho aljaba
o túmulo de una flecha
para que me quite el alma;
y si no estuviera aquí
el rey, mi señor, miraras
en mi mismo corazón
la verdad, y si faltara
instrumento para abrirme
el pecho, con esta espada,
¡vive el cielo!

Conde   No te inquietes,
que el príncipe tus palabras
atiende, aunque divertido
en lo que su padre le habla,
y el rey llegará a entender
de tu semblante la causa
de tu justa alteración,

	porque, convertida en nácar, haces tu mejilla rosa lo que fue azucena blanca.
Mosquete	Pues toma aqueste pellizco, porque no me digas, maña, que jamás te he dado cosa.
Laura	¡Ay, Jesús, que me maltratas!
Mosquete	No te trato sino bien.
Laura	¡Los diablos lleven tu alma, que el corazón me has sacado!
Mosquete	Ya estás descorazonada.
Laura	¡Pícaro, necio, insensato, avestruz! ¡Aparta, aparta, que si no fuera tener en mi presencia a mi ama, te diera treinta reveses!
Mosquete	Yo a ti treinta bofetadas.
Laura	¿Él a mí?
Mosquete	Y ¿por qué no? A ella y a todas cuantas me enfadaren, ¡voto a Dios! Y aun aquí si más me enfada, le daré a la muy puerca más de veinte mil patadas.

| Laura | Quien a patadas defiende
con una mujer su causa
no es digno que siendo bestia
lleve ceñida una espada. |

(Quítale la espada y dale.)

	¡Toma, pícaro, bufón!
Mosquete	¡Aquí, señor, que me mata!
Príncipe	¿Qué es aquesto?
Conde	¡Vive Dios! ¿Mosquete?
Leonor	¿Qué es esto, Laura?
Laura	Señora, aqueste criado…
Mosquete	Señor, aquesta criada…
Laura	…que es más negro que avestruz…
Mosquete	…que es más bestia que una parda…
Príncipe	Cesen estas competencias. ¿Quién, desatento, profana el sagrado de mi padre?
Mosquete	…este dimoño de Laura…
Laura	…ese pícaro embustero…

Leonor	Laura, vuélvele esa espada.
Conde	Toma esa espada, Mosquete.
Mosquete	Venga.
Laura	Tome; mas es harta desdicha que lleve estoque quien puede llevar albarda.
Mosquete	Alguna vez nos veremos los dos solos, zarpa a zarpa.
Príncipe	Siempre, Mosquete, has de ser quien busca todas las causas de inquietud, y muchas veces se vuelven veras tus chanzas.
Leonor	La necedad de Mosquete y desatención de Laura piden perdón, pues se debe de posesión esa gracia.
Príncipe	Por vos, hermosa Leonor, ¿qué mármoles no se ablandan?
Rey	Valeroso Conde amigo, sobrina Leonor amada, dadme alegres norabuenas. Mientras que gozaba el alma se está previniendo alegre a la dicha más extraña. Ésta es célebre sin duda, pues hoy mi Fortunio ensalza

sus estados y persona
a divinidades altas.
La princesa de Bohemia,
en hermosura y en gala
luciente Sol que en grandeza
al del Olimpo aventaja,
ha de casarse con él,
que así lo dispone y manda
el pontífice, y presumo
que será esta dicha tanta
que solo con este medio
ha de quedar ensalzada
la fe de Cristo, a pesar
de la bárbara canalla;
porque la virtud de Orosia
merece ser colocada,
según la fama publica
y según el mundo aclama,
más allá de las estrellas,
siendo en la celeste estancia
blandón hermoso de luces
a cuyos rayos, turbadas,
se avergüencen las febeas
puestas en su misma patria.

Príncipe   Y si consigo esta dicha,
y si esta dicha alcanza
mi corazón, nadie dude
que ya la Fortuna avara
es pródiga en este día,
pues la más hermosa dama
que en Bohemia resplandece,
por inspiraciones altas
ha de ser esposa mía.

Y si mira a luces claras
ese rutilante Febo
que desde la esfera cuarta
hace diáfanos los aires
con sus madejas doradas,
hecho de la hermosa Cintia
amante, sino idolatra,
la hermosura de esta reina,
la virtud, donaire y gracia,
aunque celeste criatura,
no fuera mucho ostentara
envidia de la grandeza
cuanta hoy mi amor aguarda.
Conde, Leonor, sin duda
de vuestro cariño esmalta
en mi pecho la atención
debida a tanta esperanza.
No puedo negar que tuve
algún tiempo a la argentada
flecha de aquel niño dios
una sujeción extraña.
Y pues ya el tiempo permite
perdonen las nobles canas
de mi padre aqueste arrojo,
que yo declare la causa
de mis inquietos suspiros
de mis continuas ansias,
y digo, que a Leonor, mi prima,
con atenciones tan castas
como en el sacro himeneo
se sacrifican, miraba,
por ser la que en sangre noble
a la mía más se iguala;
y no dejé de advertir

con desabridas palabras
desprecios de la grandeza
que con mi mano heredaba
afectos que solo nacen
de virtud más soberana
que la corona y el cetro;
y tuvo sospecha el alma
que de otro nuevo amor
os llevó, prima, arrastrada
la inclinación amorosa
que a muchos hace idolatras.
El conde, prima Leonor,
es quien ilustra y levanta
el árbol de la nobleza
que conservan las montañas;
nadie con mejores prendas
puede pretender la gracia
de vuestro sagrado afecto,
y advertir que mi esperanza;
que yerta algún tiempo estuvo,
quedará muy bien pagada
siendo el conde quien consiga
la posesión; pues mi alma
aspira ya deseosa
a la unión más soberana
con sacrosanto himeneo
de la más noble bohemiana.

Conde   Por tanto favor, señor,
goce vuestra alteza larga
vida, y a pesar del mundo,
tanta bárbara canalla
postre su cerviz altiva
a vuestras cristianas plantas.

Rey	El orgullo de los moros temo, que de su arrogancia puedo presumir no faltan a daros nueva batalla.
Príncipe	De la divina piedad tengo tanta confianza, que ha de volver, si lo intenta, con la cabeza quebrada.
Conde	Si hasta aquí he sido conde, en adelante mi espada ha de conquistar de Marte la corona soberana.
Rey	Ven, Fortunio; vamos, conde. Leonor, sobrina amada, quedaos con Dios.
Leonor	Norabuenas me doy a mí misma tantas de las dichas que previene de aquella infinita estancia la divina Omnipotencia a vuestras ilustres casas.
Mosquete	No va malo esto, por Dios; ello va de buena data. Yo rabio ya de contento si es que el príncipe se casa.
Laura	Pues ¿qué interesas, Mosquete?

Mosquete	Oigan, que se quema Laura; que me casaré contigo si te enmiendas.
Laura	¡Noramala para el pícaro bufón!
Mosquete	¡Qué lindamente me trata!
Laura	¿En qué delitos me ha hallado?
Mosquete	A fe que si yo te hallara la primera al escondite, que pagaras la ganancia.
Laura	¿Qué dominio tiene en mí?
Mosquete	Mira, no te enojes, Laura, que eso lo echaré por coste y lo tomaré de gracia.
Laura	No me trate de esa suerte si conmigo quiere chanzas, ni me aplique sus mentiras.
Mosquete	Ésas no lo saben malas, porque si digo verdad, las verdades siempre amargan.
Rey	Vamos, que deseo dar estas nuevas a mi Urraca.
Príncipe	Adiós, divina Leonor.

Leonor	Vuestra alteza con Dios vaya.
Conde	Adiós, dueño de mi vida.
Leonor	Adiós, conde de mi alma.
Conde	Yo cumpliré mi promesa.
Leonor	Yo cumpliré mi palabra.
Conde	¿Irás conmigo?
Leonor	Sí iré.
Conde	Mas ¿adónde?
Leonor	A la campaña.
Mosquete	Adiós, Laura; ya me entiendes.
Laura	Adiós digo, y eso basta.

(Vanse los caballeros por una puerta y las damas por otra.)

Fin de la primera jornada

Jornada segunda

(Salen Atanael, capitán; Tarife y Mecot, moros, de soldados, con espadas y rodelas.)

Atanael   ¡Que tenga el montañés atrevimiento
en su favor para que glorioso
triunfe de mí con excesivo aliento!
¡Oh, pesia a mi fortuna, qué gozoso
ha de estar el cristiano, y qué contento
de quedar contra tantos victorioso!
Pues con razón, al ver huir mi gente,
yo quedé amedrentado y él valiente.

Tarife   No hay espantar, señor, que se os huyeran
tantos soldados, que en las ventajas
no pudo asegurarse que ellos eran
en número más hombres, pues las cajas
que en el aire sonaban pospusieran
un número mayor, y si no atajas
por otro nuevo rumbo tanta ayuda,
temo que con encanto nos sacuda.

Atanael   ¿Viste aquel escuadrón que yo traía,
setenta y seis cornetas valerosos
y de la más lucida infantería
que siguieron escuadras belicosas,
y también de gentil caballería,
pues fue de las naciones más famosas,
seis regimientos cuando al fuerte lado
de Abén Lope me hallé acuartelado

y en las riberas de Aragón corriente
acometió el cristiano las trincheras?
Aquel conde Aznar, el más valiente,

retiró batallones y banderas
hasta el agua, y de toda nuestra gente
poblaron degollados sus riberas
tantos soldados muertos, que los peces
bebieron sangre, y aun caliente a veces.

Mecot
Que alfanjes en el aire parecían
sin que fuerza exterior los gobernase,
y tanto estrago en nuestra gente hacían,
que presumí ninguno se escapase.

Tarife
Algún hechizo creo que tenían
con que nuestro valor amedrentase.

Atanael
¡Oh, villana canalla! La Fortuna
ha de ser algún día de mi Luna,
    y desvaneceré el atrevimiento
de resistirse con dos mil soldados.

Tarife
Que tengas poca gente es lo que siento;
mas agora ya quedan castigados
quemando los casares con que al viento
dan las vidas y quedan abrasados
más de cien montañeses, que en manojos
de fuego son cenizas y despojos.

Mecot
Páguennos los cristianos la matanza
que han hecho en nuestra gente.

(Dicen dentro.)

Voces
¡Fuego! ¡Fuego!

Atanael
Mejor es que la sangre la venganza.

50

Voces	¡Que se quema el casar, remedio luego!
Tarife	Aún piden favor con arrogancia.
Mecot	Imposible es ya ningún sosiego.
Atanael	Ya los villanos andan alterados; así me vengaré por mis soldados. Las armas prevenid, por si escaparen algunos montañeses valerosos que en las pavesas ígneas se encontraren, porque de estos castigos tan penosos, aunque aquí tan confusos nos toparen, coléricos, sangrientos y furiosos contra nosotros dieran, ya advertidos que somos los que causan sus gemidos.
Tarife	A tu lado he de estar, que aunque viniese García Íñiguez con tanta gente cuantos vasallos su poder tuviese, yo solo venceré su ardor valiente.
Mecot	Y aunque aquel mismo conde fuese que en la campaña anduvo tan ardiente y acá viniese tan desesperado, no le temiera por seguir tu lado.
Atanael	De vuestro gran valor dais gran testigo y del marcial estruendo hacéis alardes.
(Dice dentro.)	
Mosquete	Del cielo os venga, infames, el castigo;

luterianos, apóstatas, cobardes.

(Sale Mosquete, cubierto de ceniza.)

Mosquete   Aunque me han de matar, las tropas sigo.
¡Jesús, San Lesmes y qué malas tardes
se me previenen! Hoy estos morazos
las costillas me harán a mí pedazos.

Tarife   ¡Detente, traidor, aleve!
Dime. ¿Quién eres villano?

Mosquete   ¡Ay de mí!

Tarife   Habla, inhumano.

Mosquete   Soy el dimoño que os lleve.

Atanael   Matadle, pues que profana
ese cristiano insufrible
mi decoro, y es posible
no quede sangre cristiana.

Mecot   ¡Muere, traidor!

Mosquete   ¿Yo, por qué?
¿qué culpa le tengo yo,
si mi amo los mató?
Yo no lo vi ni lo sé.

Atanael   Déjale, por ver si acaso
es oculta centinela;
pregúntale con cautela.

Mosquete (Aparte.)   (Éste será el primer paso,
                        sin duda, de mi pasión.)

Tarife   ¿Quién eres, dime, soldado?

Mosquete   Un hombre que paso a vado
                     por el río de Cedrón.

Mecot   Di quién eres, majadero,
                     si no, te mato al instante.

Mosquete   Téngase, no se adelante,
                     que entrar al huerto es primero.

Tarife   Éste se burla de mí,
                     pues muera.

Mosquete   No me haga mal.
(Aparte.)   (¿Puede haber desdicha igual
                     que quiera empezar así?)

Atanael   La vida puedes ganar
                     si la verdad confesares.

Mosquete   Que se queman los casares
                     te confieso sin tardar.

Atanael   ¿Han muerto algunos soldados
                     en las ardientes pavesas?

Mosquete   Más de veinte montañesas,
                     y montañeses honrados
                        más de ciento; porque, heridos
                     de la campaña pasada,

les diste cura abreviada
con cauterios encendidos.

Atanael   Pues ¿cómo escapar pudiste
de aquel voraz elemento?

Mosquete   Tengo grande entendimiento
para prevenir un chiste.

(Dentro.)

Unos   ¡No se escapen por abajo,
ocupad esas florestas!

Atanael   ¿Qué voces serán aquéstas?

Unos   ¡Cuidado con el atajo!

Atanael   Estos, sin duda soldados
son del cristiano que vienen
a ver si vengarse pueden
por ellos y los quemados.

Tarife   Valor nos infunde Marte
para resistirnos fuertes.

Mecot   Hoy he de hacer dos mil muertes,
si Alá está de mi parte.

Atanael   A prevenir nuestra gente
vamos al punto, que creo
será menester, pues veo,
si mi corazón no miente,
un valeroso escuadrón.

54

Tarife	Tan buena ocasión no pierdo.
Mosquete (Aparte.)	(Lanzada de moro izquierdo te atraviese el corazón.)
Mecot	¿Y este pícaro insensato dejamos con vida aquí?
Atanael	Déjalo, que importa así.
Mecot	Pues démosle de barato.

(Danle.)

Mosquete	¡Ay mi cabeza rompida! ¡Que me matan, mi señor!
Atanael	¿Quién te puede dar favor?

(Salen el Príncipe y el Conde, con espadas desnudas.)

Conde	Yo, y te quitaré la vida.
Príncipe	¡Oh traidora, vil canalla! ¿Con fuego queréis vengaros? Ea, conde, que ya es tiempo, venguemos estos agravios.

(Acométense a cuchilladas cristianos y moros.)

Conde	Hoy seréis, cobardes moros, de mi fuerte espada el blanco.

Príncipe	¡Bravamente se resisten!
Mosquete	Pues ríndanse los borrachos o si no, los mato al punto.
Atanael	Valientes son los cristianos.
Tarife	Ya me canso en resistirme.
Mecot	De resistirme me canso.
Mosquete	Con aquesta zambullida si no se me huyen los mato.
Atanael	No falte el valor, amigos.
Mosquete	¡Vive Dios que llevan jacos!
Tarife y Mecot	No podemos resistirnos.
Atanael	Pues huyamos.
Los dos	Pues huyamos.
(Vanse los moros.)	
Mosquete	Esto sí que va de veras. ¡Por Dios! Huyen como galgos. ¡Qué sangrienta está mi espada! Yo les haré con los diablos que se acuerden de Mosquete más de cuatrocientos años.
Príncipe	¿Qué es aquesto, conde amigo?

¿Ya nos han dejado el campo?

Conde

¿A quién faltará valor
animándose al sagrado
del lado de vuesa alteza
para coronar con lauros
las repetidas victorias
de nuestros antepasados?

Príncipe

Con vuestra ayuda, a mi ver,
ni el más cobarde soldado
tiene que temer ruina
si le ampara vuestro lado.
De vuestro valor confío
que antes de tiempo muy largo
sujetaréis la cerviz
de este bárbaro tirano;
id a recoger la gente
que está esparcida en el campo,
y dad órdenes que importen
como sabéis. Yo me parto
a dar la nueva a mi padre
del suceso ya pasado
y dar el treudo debido
a la quietud y al descanso.

Conde

A vuestra alteza dé el cielo
de vida tan largos años
como deseo, y al punto
cumpliré, con el cuidado
debido, en todo aquello
que me dejáis ordenado.

Príncipe

Así lo fío y lo creo.

57

Adiós.

(Vase el Príncipe.)

Conde
                    Adiós, luego parto.
Vamos, Mosquete. ¡Ay de mí!
Que Leonor, si no me engaño,
intrépida y arrojada
salió varonil al campo
por solo satisfacerme
los recelosos agravios
que le ocasione, celoso
del grande amor obligado
que le tengo, sin que otra
ocasión me hubiese dado,
que es su perfección divina,
y por abreviar el paso,
con el príncipe salí
a la defensa, avisados
de los que en cenizas yacen
cadáveres sepultados
del fuego que el enemigo
aplicó —¡rigor extraño!—
a los casares y albergues
de los heridos soldados;
y pues no pude esperarla
ni ella seguir mis pasos,
vamos, que entre mis suspiros
la podrá topar mi llanto.

Mosquete
Y también Laura con ella
debió salir; vamos, vamos.
Mas oye, señor, advierte
que si a cazarlas andamos

	por ser conejas, será
	menester algún azado.
Conde	¿Por qué lo dices, Mosquete?
Mosquete	Porque esta noche he soñado
	que un morisco cazador
	les echó el hurón alzado,
	y si esto es verdad, sin duda
	que las dos han renegado.
Conde	Deja chanzas, que yo estoy
	de sus desdichas temblando.

(Salen Leonor y Laura de camino con espadas.)

Leonor	¡Válgame el cielo y qué fin
	a mis desdichas has dado!
	¿Quién me trajo tanto mal?
	Conde, causa de mis daños,
	dime si ya estás contento.
Conde	¿Qué estoy oyendo y mirando?
	¿Es ésta alguna ilusión?
	¿Estoy durmiendo o velando?
	¿Es Leonor la que se queja?
Leonor	La misma.
Conde	El alma me ha dado
	sospechas que estás herida.
	¿Eres Leonor?
Leonor	Soy, ingrato,

	una mujer desdichada,
	a quien, por quererte tanto,
	hoy han quitado la vida.
Conde	¿Qué dices? Estoy turbado.
	¿Cómo quedo yo con vida?
	Tenla, Mosquete, en los brazos
	mientras voy tras el traidor.
Leonor	¡A buena ocasión!
Conde	Pues ¿cuándo
	con más razón? ¿Qué locura
	con pecho desesperado
	te llevó a morir, mi bien?
	¿Cuál fue el bárbaro tirano
	que quitó a la tierra el Sol,
	oscureciendo los rayos
	con que esos divinos ojos
	le estuvieron alumbrando?;
	¡Oh quién te hubiera creído!
	que el dejarte fue pensando
	que no habías de atreverte
	a salir conmigo al campo,
	que si imaginara yo
	que amor te obligara tanto,
	antes perdiera mil vidas
	que dejarte de mi lado,
	antes sufriera mis celos,
	con ser el mayor cuidado
	que el cielo ha dado a los hombres
	y mayor cuanto más sabios.
	Aquí se acabó mi vida
	y aquí también se acabaron

mis esperanzas, que al fin
cayeron hechas pedazos.
He de perder el sentido
si no vengo tus agravios.

Leonor   Espera, espera, mi bien,
no me dejes en el lazo
de mis mortales congojas;
mi vida se va acabando.

Conde   Antes el vital aliento
me falte que, desdichado,
vea empañar esos soles,
llore mi desdicha en tanto.

Mosquete   Y tú, Laura, ¿estás herida?
¿Hate alguno maltratado
de los moros?

Laura   También tengo
mi poquito de trabajo.

Mosquete   ¡Ay, desdichado de mí!
Pues ¿qué venías buscando?
¿Por dónde tienes la herida?
Dime, Laura.

Laura   Por abajo.

Mosquete   Si tiene la herida cura
yo voy por un cirujano.

Laura   No vayas, no.

Mosquete	Pues no voy,
	que si te mueres acaso
	estoy de pesares lleno;
	mas ya se me va pasando.
Leonor	¿Conde?
Conde	¿Leonor, mi bien?
Leonor	¡Ay de mí!
Conde	Yo voy volando
	a buscar algún remedio,
	que mi amor presume hallarlo,
	para dar vida a los dos.
Leonor	Detente, reporta el paso,
	ya no es menester remedio,
	que cuanto dije es engaño
	para conocer tu amor.
Conde	¿Engaño?
Leonor	¿Qué estás dudando?
	No estoy herida ni soy
	tan necia; que me he guardado
	de los peligros muy bien.
Mosquete	¿Hay embuste más extraño?
Conde	Temblando estoy, ¡vive Dios!
Mosquete	Pienso que han resucitado,
	porque todas las mujeres

tienen astucia de gatos.
Pues yo me acuerdo haber visto
agora cuatro o diez años,
con una herida de a geme
a una mujer de los diablos,
y no hacía caso de ella
aunque se iba desangrando.

Leonor   Pues ¿pensabas tú que había
de ponerme a los flechazos
de un turco por tus celos
ni por mi amor? ¡Malos años!
Pero di, si me querías,
como agora te has mostrado,
y si sabes que mi pecho
es incontrastable mármol,
¿cómo permitiste, necio,
que contigo fuera al campo?

Conde   ¡Ay, Leonor, hermoso dueño!
Mi corazón abrasado
se sabe fraguar sospechas
de celosos agasajos.
Nunca hay celos sin amor.

Leonor   Y si los hay, son villanos.

Conde   Mis celos nacen de amor
que es divino y soberano,
como lo publica el alma
con este amoroso abrazo.

Leonor   Quita allá, que las mujeres
sufren desprecios amando,

y siendo amadas se vengan
de los pasados agravios.
No me quisiste en salud,
pues me dejaste en el campo
para blanco de los turcos,
y cuando me estoy quejando
de que me muero, me dices
requiebros enamorados.
¿Qué tenemos las mujeres
que muertas os agradamos?
¿Cuál hombre no llora entonces?

Mosquete   Esto corre muy de llano,
que es más linda la mujer
que no vive más de un año.

Conde   ¿Qué es esto, bella Leonor?
El aliento me has quitado
segunda vez con desprecios.

Leonor   Merecido es este pago
a quien me llora difunta
cuando viva me ha dejado
en peligros de perderme.

Mosquete   Dice bien, y es caso extraño,
después de muchas pendencias,
ver un viudo muy barbado
llorar por una mujer,
y con los ojos muy bajos
decir: «¡Ay de mí, mezquino,
qué presto se me ha acabado
el consuelo de esta vida!
Hijos míos, ¡qué temprano

se os ha puesto el Sol! ¡Ay Dios!».
Y sabido bien el caso,
era una mujer a quien
por horas mataba a palos.

Laura   Así hicieras tú, bribón,
si a mí me hubiera enterrado
la chusma morisca —¡ay!— creo
que aun no hicieras tanto
como llorar por saber
que quedaba agonizando.

Mosquete   No llorara, Laura mía;
pero te dijera un salmo
con requies y con profundis,
que te llevara volando
adonde los taberneros
van a pagar sus milagros.

Laura   Por vida mía que tienes
habilidades del diablo;
no fiara en ti, Mosquete,
ni en tus promesas un clavo.
¡Por vida de mis cabellos!

Mosquete   No tienes por qué jurarlo,
que no son esos cabellos
....   [-a-o]
tuyos, Laura.

Laura   Sí, son míos.

Mosquete   No son tuyos, es engaño;
porque yo sé por muy cierto

que esos cabellos rizados
son de la mujer del baile
que murió hace cien años.

Laura   ¡Mal haya quien no te quita
las narices a bocados!

Conde   Vamos, Leonor hermosa,
nueva Palas, que al asalto
primero que diste al pecho
más varonil y esforzado
le venciste. Vamos luego,
que si en pláticas estamos,
el campo queda sin orden
y sin guía los soldados.
No hay de qué tengas temor.

Leonor   No le tengo ya a tu lado;
gocemos de los despojos
que dejaron en el campo;
tú de los que en él venciste
y yo de los que has dejado
cuando te das por vencido.

Conde   Ser vencido de tus manos
tengo por mayor victoria
que las que tuvo Alejando.

Mosquete   Vamos todos, que en pillar
no me ha de ganar el diablo.

(Vanse. Salen Eurosia, Arcisclo, Cornelio y Bodoque, de camino.)

Cornelio   Aquí, hermana, en esta alfombra

de hierba y flores te asienta.

Eurosia   No pienso quedar contenta
hasta que la fresca sombra
   de los montes aquitanos
me dé el contento y ventura,
gozando de su frescura
con los humildes cristianos.

Arcisclo   El coche parad, Lorente,
en esas verdes florestas.

Eurosia   ¿Qué avecillas son aquestas
que cantan tan dulcemente?

Cornelio   Aquél es el ruiseñor,
que, con música suave,
a su consorte le sabe
referir su tierno amor.
   Aquella vid abrazada
en el álamo frondoso
pinta un bosquejo glorioso
de insensible enamorada.
   Aquella copiosa fuente,
obligada de su amor,
se despeña con rigor
por ser su Narciso ausente.

Arcisclo   Todo lo crió el Señor
en el eterno paraíso
con tal perfección, que quiso
enseñarnos con primor.
   Contempla aquella avecilla
que, en gorjeos concertados,

siendo vida de los prados,
compone dulce capilla.
 Aquel arroyuelo amante
que se despeña furioso,
de tu vista muy glorioso,
te baila el agua delante.
 Por darte entretenimiento
hacen todos maravillas,
fuentes, flores, avecillas,
sin tener entendimiento.

Eurosia
 ¡Ay de mí! ¿Cómo resiste
mi corazón tanto halago?

Arcisclo
En jamás me satisfago
si estás cansada o estás triste.

Cornelio
 En esta margen frondosa
de este bruñido arroyuelo,
que corre para ser hielo,
galán fino de la rosa,
 te sienta.

Eurosia
   Nada divierte
mis penas; todo me cansa.
El agua que corre mansa
va murmurando mi muerte.
 Aquel pájaro jilguero,
que gorjerillos levanta,
es algún cisne que canta
por mí, porque cisne muero.
 ¡Ay de mí!

Arcisclo
   ¿Por qué suspira

vuesa alteza?

Eurosia   No lo sé.
                  Triste voy porque dejé
                  a mi hermana Draomira.

Cornelio   Pues Draomira, ¿no es, hermana,
                  aquella gentil aleve
                  la que a matarte se atreve?

Eurosia   Sí; mas es por ser cristiana.

Cornelio   Luego, ¿deseas morir?

Eurosia   Por la fe de Cristo, hermano,
                  perder la vida un cristiano,
                  ¿no es morir para vivir?

Cornelio   Claro está.

Bodoque   Ella desea
                  ser ahorcada; pues a fe
                  que no la siga si sé
                  que por las horcas pasea.

Eurosia   Dejadme, que no reposo.

Arcisclo   Pues, señora, ¿en este día
                  tienes tal melancolía
                  cuando te espera tu esposo?

Eurosia   Aun por eso es mi dolor,
                  que temo que no me adora.

Arcisclo	¿De qué lo sacas, señora?
Eurosia	Solamente del temor que le tengo; mas un rato me quisiera ahí apartar, que quiero comunicar con su pintura o retrato.
Cornelio	¡Oh, gracias a Dios del cielo que muestras algún cariño!
Bodoque	Ya parece que el dios niño la ha puesto en algún desvelo.
Eurosia	Descansad un poco en tanto que yo cumplo mi deseo.
Cornelio	Aún dudo lo que veo; ¡guíenos el cielo santo!

(Apártase Eurosia y saca un retrato de un crucifijo y otro de la virgen.)

Arcisclo	De esta mujer me temí, según tan triste venía, que jamás se lograría nuestro intento, y presumí de su virtud que, con celo de ser mártir, deseaba quedar en Bohemia y daba una rica joya al cielo.
Cornelio	Agora ya no hay dudar que determina casarse.

Bodoque	Eso no puede dudarse de cuantas saben hablar.
Cornelio	Ya todo el mundo atesora norabuenas para mí. Sentémonos por aquí para ver cómo enamora.

(Siéntanse y Eurosia se pone de rodillas.)

Eurosia	Dulce Señor, enamorado mío, ¿adónde vais con esa cruz pesada? Volved el rostro a una alma lastimada de que os pusiese tal su desvarío. De sangre y llanto entre los dos un río formemos hoy; y si a la vuestra agrada, partamos el dolor, y la jornada, que de morir por Vos, en Vos confío. ¡Ay, divino Señor del alma mía! No permitáis que otro nuevo esposo me reconozca suya en este día. Bajad de vuestros cielos amoroso, y si merece quien con vos porfía, dadme estos brazos, soberano Esposo.
Cornelio	De rodillas está puesta: gran fuerza tiene su amor.
Arcisclo	Idólatra es en rigor en acciones como aquésta.
Cornelio	De su cristiandad no puedo presumir error tan grave.

Arcisclo	Ni yo imagino que cabe
	en su virtud tal denuedo.
Bodoque	Mi señora, aunque parece
	que tiernamente suspira
	por su esposo, si se mira
	siempre se queda en sus trece.
Cornelio	Llama, Bodoque, a mi hermana
	que parece tarde.
Arcisclo	Espera;
	quien habla de esa manera
	será en cosa soberana.
Eurosia	Virgen, paloma cándida que al suelo
	trajo la verde paz, arco divino,
	pues en los tres colores a dar vino
	fe del concierto entre la tierra y cielo,
	dadme remedio, pues sabéis mi celo.
	No case con Fortunio, que imagino
	que más dichosa soy, si más me inclino
	a conservarme pura en blanco velo.
	No me dejéis, cristífera María,
	favoreced mi intento puro y santo
	hasta que llegue de mi muerte el día.
	Mi pureza guardad, pues podéis tanto,
	si mereciere la esperanza mía
	que del Sol que pisáis pase mi llanto.

(Queda como arrobada con los retratos en las manos.)

Cornelio	Con la virgen advertí
	que hablaba mi hermana ahora;

aquel retrato que adora
no será el que presumí.

Arcisclo   Aun por eso, con recato
hace aquestas maravillas,
y cuando está de rodillas
de Cristo será el retrato.

Bodoque   De estarse sola hace alarde
aunque nunca haya almorzado,
y para andar a poblado
se va haciendo un poco tarde.

Cornelio   Llámala, Bodoque amigo.

Bodoque   Voy volando. Mi señora,
mire que se acerca la hora
de marchar. ¿Está conmigo?
    ¿No responde? ¡Voto a tal!
Algún accidente fuerte,

....

que no hablando, grande mal.

(Levántanse.)

Cornelio   ¿Qué dices? ¡Hermana mía!
¿Tú desmayada? ¿Qué pena
te ha quitado, estando buena,
su valor en este día?

Arcisclo   Sin duda está arrebatada
en éxtasis con su Dios,
que en las manos tiene dos
retratos con quien hablaba.

Cornelio	¡Qué santidad singular!
	Mas no sé qué tengo en mí
	que hasta que haya vuelto en sí
	no puedo estar sin pesar.
	¿Cuándo del Sol brillarán
	luz y rayos refulgentes?
Bodoque	Estos que vemos presentes
	en su vida volverán.
Cornelio	¿Por qué?
Bodoque	Porque es cosa cierta,
	sin que nadie lo repare,
	que la mujer que no hablare
	la podéis tener por muerta.
Cornelio	Ya vuelve.
Bodoque	Es frenesí,
	y en esto estás poco atento;
	mas quiero decirte un cuento
	de esto de volver en sí.
	Con su sacristán el cura
	se salió al monte a cazar,
	que el no estar en su lugar
	en algunos curas dura.
Cornelio	Calla, Bodoque, que irritas
	con tu necedad al mundo.
	¡Qué caso tan sin segundo,
	Parca ingrata, solicitas!

Arcisclo	La desdicha me desmaya
	de tan extraño suceso.
Bodoque (Aparte.)	(Y yo prosigo con eso.
	Vaya pues de cuento, vaya;
	que empezarle para mí
	es gran pena no acabarle;
	a mí mismo he de contarle,
	soliloquiándome así.
	Acompañólos un cojo
	a caballo en su jumento,
	y éste será en mi cuento
	el que para blanco escojo.
	Llegaron con atención
	al monte, pero en su entrada
	al cojo, el alma turbada,
	le dió mal de corazón;
	quedóse el cura turbado,
	y el sacristán quiso irse;
	mas el cura, sin partirse,
	se quedó todo cortado.
	Dijo el cura aquesto viendo:
	«En sí luego volverá.»
	Dijo el sacristán: «No hará,
	que suena lejos su estruendo».
	Con esta grande locura,
	sobre este caso apostó
	con que el sacristán llegó
	a apostárselas al cura.
	Dejaron al desdichado
	en el monte con su mal,
	que después de rato tal
	fue de su achaque dejado;
	subió en su jumento allí,

y al verlo los apostantes,
el sacristán dijo antes:
«Mirelo, no volvió en sí.»
    «Es engaño, pues se ve
tu contrario claramente»,
dijo el cura. «Usted miente,
¿no ve que no viene a pie?»,
    dijo el sacristán;
y así gano yo con fundamento;
que quien vuelve en su jumento,
¿cómo ha de volver en sí?)

Cornelio   Ya parece que el desmayo
              muy poco a poco la deja.

Eurosia   ¡Dulce Jesús, dueño mío!
              ¿Cómo tan presto te alejas
              de mi presencia? ¡Ay de mí!

Cornelio   ¡Eurosia hermana, dulce prenda!

Eurosia   ¿Qué quieres, Cornelio hermano?

Cornelio   Presumí que tu belleza
              cubierta de un parasismo
              aquí se desvaneciera.
              Esos retratos, Eurosia,
              que dentro tu pecho encierras
              son causa, si bien adviertes,
              de tus amorosas penas.

Eurosia   Causar penas nunca pueden,
              antes bien, siempre me alegran,
              porque el uno es de mi Esposo,

del corazón dulce prenda,
y el otro de una Señora
que, con sobradas finezas,
me estima sin merecerlo.

Arcisclo   Ya vimos, sobrina bella,
que son de Cristo y su Madre
los dos retratos que llevas;
a Cristo llamas tu esposo,
con que entendidas las nemas
de tu cariñoso afecto,
saco aquí por consecuencia
que de casarte no gustas,
y si vienes es por fuerza
de mi larga persuasión
y de la noble obediencia
de tus padres; mas si miras,
ilustre y noble princesa,
que la ley de Cristo ensalzas
coronando tu cabeza
con el sagrado laurel
de Aragón, con que se espera
que has de ser Atlante firme
de la militante iglesia,
asombro de los herejes
y de aquella ley perversa
de Mahoma gran contrario.

Eurosia   ¿No podré sin ser yo reina
triunfar de sus acciones?

Arcisclo   No será fácil que puedas
ensalzar tu nombre tanto
que te conozca la tierra

defensora de la fe
si la voluntad no apruebas
de casar con don Fortunio.

Eurosia

La virginidad es prenda
que Dios tiene en mucha estima.

Arcisclo

Es verdad; mas cosa es cierta
que también estima Dios
las que honestamente intentan
llegar al sacro himeneo,
y es proposición tan cierta,
que confirman su verdad
las mismas sagradas letras.
Quiso Dios en el Paraíso
con milagrosa manera
conservar a Elías virgen,
cuya castidad excelsa
merece ser colocada
sobre todas las estrellas.
Mas también favoreció
con igual correspondencia
al profeta Enoc, casado,
y de la misma manera
si al Tabor subió a Elías
a enseñarle sus grandezas,
bien creo que por ser virgen
mereció que allá subiera.
Pero Moisés también,
que fue casado en la tierra,
subió con Cristo al Tabor;
para que, sobrina, entiendas
que también estima Dios
con su voluntad inmensa

al que, casado, le sirve,
como al que, virgen, le ruega.
El sagrado matrimonio,
con singular agudeza,
le llamó el apóstol grande
sacramento de la iglesia.
Muchas matronas ilustres
dan de estas verdades pruebas,
y la misma Virgen fue,
aunque virgen tan perfecta,
casada con San José.

Eurosia   Aseguró su pureza
                 con voto de castidad.

Arcisclo   No se niega a vuesa alteza
                 que pueda ofrecer a Dios
                 su virginidad; y advierta
                 que si la tiene ofrecida
                 a su Majestad inmensa,
                 puede cumplir virtuosa,
                 aunque case, su promesa.

Cornelio   Hermana mía, ya es tarde
                 y la lámpara febea
                 quiere extinguir su luz pura
                 en las olas, donde alberga
                 sus rayos en cada noche,
                 sepulcro de su madeja.
                 Vamos alargando, el paso,
                 que muy poco tiempo queda
                 para llegar a poblado.

Eurosia   Vamos, pues.

Bodoque	Vamos apriesa, porque si mucho tardamos, nos quedaremos sin cena.
Eurosia	¡Cielo divino, ayudadme!
Arcisclo	De Dios nos guíe la diestra.
Cornelio	Él te dé, si acaso importa, lo que más mi amor desea.

(Vanse. Salen el Príncipe y el Conde.)

Príncipe	Por eso del alma sale, Conde, a la lengua el amor.
Conde	No hay pena, invicto señor, que con la de amor se iguale.
Príncipe	El retrato tengo aquí de la que ha de ser mi esposa; atended si es cosa hermosa por quien el alma rendí.
Conde	¡Hermosa dama!
Príncipe	Yo pienso que estudió naturaleza la estampa de su belleza, no por instrumento inmenso de aquel poder soberano, mas hablando a nuestro modo, porque parece que en todo

puso cuidado su mano.

Conde   Vuestra alteza se rindió
justamente a la más bella,
ilustre y noble doncella
que en el mundo se crió.

Príncipe   Mis potencias y sentidos,
justos fueron sus despojos,
que antes de verla mis ojos
la aprobaron mis oídos.
    Con su virtud asegura
mi elección en puridad,
pues quiere su santidad
competir con su hermosura,
    y son las dos tan iguales,
que en la perfección que vieron,
su nombre a Eurosia pusieron
los pinceles celestiales.
    Ya creo que no están lejos,
que ayer vino embajador
de este Sol que en su esplendor
me dan vida sus reflejos,
    y dice que llegará
con brevedad a esta tierra;
mas —iay, Conde!— que la guerra
me presumo estorbará
    el salirla a recibir
a la entrada de Aragón.

Conde   A mi cargo la ocasión
para que podamos ir.
    A Leonor dejé perdida,
qué, intrépida y arrojada,

por el campo hizo entrada
sin prevenir la salida;
    y aunque el bárbaro enemigo
hizo fuga en la ocasión,
pudo disponer traición
por llevársela consigo;
    y si tan nobles despojos
se me llevan, claro está
que mi corazón saldrá
derretido por los ojos;
    mas la cruz de aquesta espada
saldrá siempre vencedora,
y el joyel que mi alma adora
he de cobrar, aunque armada
    esté la morisma junta
a pesar de su traición,
o mi ardiente corazón
ha de abrir aquesta punta.

Príncipe   No es cierto, no, a mi ver
que salga al campo Leonor,
que aunque tiene gran valor
en efecto es de mujer.

Conde   Fía en las veloces alas
de un bruto que con razón
él es hijo de Aquilón
y ella de la diosa Palas.

Príncipe   Sin duda se habrá escapado
si su valor conjeturas.

Conde   De mayores apreturas
otras veces se ha librado.

Lo que más mi pena aumenta
es que Mosquete quedó
en su guarda, y se alejó
con presunción avarienta

de recoger los despojos
por el campo divertido,
y dejó puesto en olvido
lo que llorarán mis ojos.

Dice que de lejos vio
dos moros, y del temor,
olvidado de Leonor,
cobarde se retiró.

Príncipe   No es en vano tu temor;
pero fío sin recelo
que la habrá librado el cielo
de aquel bárbaro furor.

Pero ¿dónde anda agora
Mosquete, vuestro criado?

Conde   En busca, señor, le he enviado
de la que mi alma adora,

advirtiendo que, si acaso
Leonor está perdida,
he de quitarle la vida.
Mas iay de mí, fiero caso

fuera verla entre tiranos!
No había de haber rigor
que estorbase mi furor
hasta volverla a mis manos.

Príncipe   Sin duda por verse ausente
de vos, con sagacidad
se retiró a la ciudad,

que es entendida y prudente;
   mas, si acaso por desdicha
otra cosa pudo ser,
yo os ofrezco mi poder
hasta conseguir la dicha
   de volverla a vuestros brazos,
y os promete mi afición
daros casta posesión
con indisolubles lazos.

Conde
   A prevenir nuestra gente
importa, señor, que vamos,
porque temo si tardamos,
algún penoso incidente.
   A recibir lo primero
iremos a vuestra esposa,
que, a pesar de la mañosa
traición del cancerbero,
   no ha de parar mi valor
hasta poner con despecho
.... [-echo]
y en mis brazos a Leonor.

Príncipe
   En vuestro valor confío,
conde amigo, y es razón,
que con vuestro corazón
siempre va seguro el mío.
   Vamos, y sin más tardar,
de la gente más lucida
que tenéis más conocida
podéis un tercio alistar.

Conde
   Si llevamos, a mi ver,
con sus lucidos arneses

un tercio de montañeses,
nada queda que temer.

(Vanse.)

Fin de la segunda jornada

Jornada tercera

(Sale Mosquete.)

Mosquete   No hay hombre más desdichado
que Mosquete en este día,
pues, por gran desdicha mía,
mi señor, muy enojado,
me pone en mosquetería.
    Porque a Leonor perdí
me castiga de este modo,
no considerando en sí
que también me toca a mí
por perder a Laura y todo.
    ¡Oh, quién las pudiera hallar
por aquí en algún rincón!
Mas no las podré topar
porque no sabré rezar
el responso a San Antón.
    A Francia me iré a vivir,
y sabrá Aragón y Bearne,
que me quise despedir
por no quererle servir
siempre de su guardacarne.
    El buscar, cielos divinos,
me va doblando mis males,
pues me llevan mis destinos
de noche por los caminos,
de día por los jarales.
    Mucha hambre y poca ropa
me traen por este cerro,
mas si el bárbaro me topa,
yo temo que en vez de sopa
no me falte pan de perro.

	Desde aquí quiero llamar,
	aunque me acosa el temor.
(En voz alta.)	¡Laura, señora Leonor!
	Por medio de aquel pinar
	se siente ruido y rumor.

(Dentro.)

| Moros | No dejéis en la montaña |
| | persona que a Cristo siga. |

Mosquete	Aquésta es gente enemiga.
	¿Hay desdicha más extraña?
	¿Adónde podré esconderme
	de este riguroso trance,
	que el fiero moro no alcance
	en todo este monte a verme?

(Salen Atanael, Tarife y Mecot.)

Atanael	¡Que sea tan arrogante
	este cristiano atrevido!
	Por Alá que estoy corrido.

| Tarife | ¡Por vida de mi turbante |
| | que es muy valiente cristiano! |

| Atanael | ¡Que se huyera así la gente |
| | por un cristiano insolente! |

Tarife	Todo fuera muy en vano,
	porque su valor se encumbra
	tanto, que con fuerza y maña
	ha de sujetar a España

y aun a cuanto el Sol alumbra.

Atanael   Detén, Tarife, la lengua;
ese hombre no me alabes,
que en mi competencia sabes
que alabar a nadie es mengua;
    y aunque huí con sutileza
de su espada el gran furor,
no fue falta de valor,
si fue sobra de destreza.
    De Huesca soy ya señor
y del rey ya capitán,
y cuanto blasón me dan
es poco con mi valor.
    Cuanto el Tajo y Duero baña
con estruendo belicoso
amedrenté valeroso
en mis principios a España.
    Abén Lop, mi rey, espera
acabar de conquistar
esta montaña, a pesar
de la cristiana bandera;
    pues dóblense nuestras lunas
en las arrogantes astas.

Mecot   Con esto, señor, contrastas
tú solo a tantas fortunas.
    Por esta parte que sigo
se suena rumor de gente.

Mosquete   Estoy muerto de repente
si encuentran éstos conmigo.

Mecot   ¿Quién va allá? ¿No me responde?

Mosquete	Si no va nadie, ¿quién quiere que le responda?
Mecot	El que fuere, quien de cobarde se esconde.
Mosquete	Yo no soy nadie aunque hablo.
Mecot	Di presto quién eres.
Mosquete	¡Ay! El alma de Garibay, que ni es de Dios ni del diablo!
Tarife	Aquéste, si no me engaño, es el mismo que escapó del incendio y se burló de nosotros por su daño.
Mecot	Pues Alá nos le ha traído para que tome venganza del agravio; sin tardanza morirás.
Mosquete	Ya estoy perdido.
Atanael	No le quites aún la vida hasta saber dónde va, que algún secreto tendrá tan impensada venida. ¿Quién eres y adónde vas?
Mosquete	No sabré decir quién soy,

	ni menos adónde voy, si no me prometes más.
Atanael	Ya tienes sobrada suerte, que si dices la verdad te daré yo libertad, y si no, te daré muerte.
Mosquete	Pues, señor, con esa instancia si no me matan, diré, entre muchas cosas...
Atanael	¿Qué?
Mosquete	Un secreto de importancia.
Atanael	Pues di, que yo te aseguro de premiarte si es así.
Mosquete	La verdad diré.
Atanael	Pues di.
Mecot	Si lo juras.
Mosquete	Lo rejuro. Don Fortunio, mi señor, se quiere casar mañana con una reina bohemiana, y mi amo con Leonor.
Atanael	¿Qué dices? ¿Esto es posible? ¿Mañana luego ha de ser?

Mosquete	Yo no me pongo en saber
	el cuándo, porque es terrible
	mi amo el conde, y yo sé
	que nunca me dice un cuándo
	porque sabe que cantando
	todo lo que sé diré.
	Pues es cierto que mañana,
	veinte días más o menos,
	tendremos seis días buenos
	en una u otra semana.
Atanael	Rabia ya mi corazón.
	¡Pesie la Fortuna adversa
	que tendremos más contrarios!
Tarife	¿Cuándo vino esa princesa?
Mosquete	Señor, no vino, y si vino,
	será cosa muy de verla,
	porque dicen que es aguada
	y jamás entró en taberna;
	cósa cierto singular
	poco usada en esta tierra,
	que la taberna es de aguados,
	pues que todos los que ahí entran
	se aguan mucho, y hasta el vino
	de puro aguado revienta.
Tarife	Dinos claro si ha venido,
	si no quieres que con esta
	daga te dé dos mil muertes.
Mosquete	¡Qué barata fue la feria!
	¿Dónde las compró, señor?

Guárdelas usted y crea
que las habrá menester
cuando tenga alguna suegra;
no me dé ninguna a mí,
que bien diré lo que sepa,
porque nunca sé callar
cosa que secreto tenga.
Ya dispone mi señor
la jornada con su alteza
y saldrán a recibirle,
porque saben que está cerca.

Atanael   Hoy he de vengarme, amigos,
de las injurias y ofensas
que del cristiano atrevido
en las campañas postreras
recibimos; y en verdad
que estoy tan corrido de ellas,
viendo que tan poca gente
atrevidamente pueda
causar fuga a mis soldados,
que se enmudece la lengua
al pronunciar que acobardan
nuestras azules banderas
sus cruzados estandartes.
Salga, pues, a la defensa
de tantas glorias perdidas
el valor que el pecho encierra.
Hoy hemos de cautivar
la princesa de Bohemia,
y al príncipe don Fortunio
quitar la dicha que espera.

Mecot   A prevenir vuestra gente

vamos, Tarife, y entiendan
que somos Atlantes firmes
de las africanas fuerzas.

Tarife

Señor, nuestros escuadrones
harán las lunas sangrientas
de la sangre de cristianos,
aunque la Fortuna adversa,
enemiga, nos ultraje.

Atanael

No nos niegue el gran profeta
su favor, que con su ayuda
se asegura nuestra empresa.
Toquen las cajas, levanten
lags lunas a las estrellas,
que aunque sean medias lunas
han de llegar a ser llenas,
que aun el Sol no está seguro
con la creciente que llevan.

(Vanse los moros.)

Mosquete

Ellos se olvidan de mí
con la algazara que llevan.
¡Cuánto me valió el secreto!
Yo apostaré que me dieran
un millón por lo que dije.
Las carnes todas me tiemblan
de temor, y no sé cómo
me escape por estas breñas,
que temo vuelvan acá
si por desdicha se acuerdan
de las pendencias de marras
y me rompan la cabeza;

échome por estos riscos.
Dios me la depare buena.

(Vase. Salen Eurosia, Arcisclo, Cornelio y Bodoque.)

Bodoque
     Los caballos van perdidos
de tanto vulgar tropiezo,
pues andan sin herraduras
descalzos, y a lo que veo,
se habrán puesto a religión
y tan mediados en eso,
que con tantas cortesías
como todos van haciendo,
sobre tantas reverencias
quedarán muy reverendos.

Cornelio
¡Qué peñascos tan altivos,
qué fragosos Pirineos
son éstos, que en altas cumbres
remontados y soberbios
sus altas cimas ocupan
la media región del viento!

Arcisclo
La Naturaleza quiso,
dividir aquestos reinos
con estos montes, Olimpos,
cuyos encumbrados cerros
son vergüenza de los Alpes.

Eurosia
Que estoy cansada confieso.

Cornelio
¡Qué mucho vengas cansada,
hermana mía, si puedo
asegurar que en mi vida

con tanto desasosiego
me vi, pasando en batallas
las inquietudes que el tiempo
aborrascado ocasiona
con el militar estruendo!
Ni probando al mar sus fuerzas
que alguna vez en el centro
del arrojado Neptuno
y ninfático elemento,
me vi en borrascosas luchas
con tanta inquietud del viento,
que apenas dejó recurso
a la piedad del cielo;
jamás me vi tan cansado
ni derribado mi esfuerzo.
como agora.

Bodoque   Algún demonio
nos lleva por estos puertos.

Eurosia   Todo por amor de Dios
bien admitirlo podemos,
que el trabajo no es trabajo
si con el divino celo
que los amados de Dios
le llevaron y ofrecieron
le admitimos; que, sin duda,
los trabajos y tormentos
padecidos por mi Dios
son escalas para el cielo.

Arcisclo   Tu peregrina virtud
nos da a todos gran consuelo.
Esta tierra es ya de España,

que las noticias que tengo
me aseguran que estos montes
son los altos Pirineos
que en pirámides fragosas
hacen murallas y cercos
dividiendo a España y Francia
con tan singular portento,
que el cielo parece quiso
plantar mojones soberbios
que eternamente publiquen
división de aquestos reinos.

Eurosia   ¡Qué camino tan extraño
debe ser éste! Sospecho,
según imagina el alma,
que vamos hacia el desierto.

Cornelio   Alguna desdicha arguyo
de ver que en algunos pueblos
que acreditan estos montes
de habitables, nunca vemos
persona que les habite,
ni topamos pasajero
que pueda darnos de España
testimonio verdadero.

Bodoque   Yo pienso que vamos mal,
y que no voy bien: es cierto
que si mala cena anoche,
peor es hoy el almuerzo.

Eurosia   ¡Qué alegría tiene el alma,
pues acá dentro en el pecho
me está brindando alborozos,

después acá que los senos
de tantas silvestres grutas
con tan humildes aprecios
me convidan cariciosos
con sus humillados cetros!

Arcisclo   ¿Esto te alegra, señora,
cuando la corona y cetro
de Aragón te entristecía
según colegí otro tiempo?

Eurosia   Tío y señor, no sin causa
de estos montes hago aprecio,
pues de su fragosa estancia
colijo que son los yermos
donde anacoretas santos
sacrificaron al cielo

(Aparte.)   sus vidas. (¡Cielo divino,
amparad mis pensamientos!)

Cornelio   El alma toda turbada
me sobresalta en el pecho
después acá que pasamos
la fragosidad del puerto
sin topar persona viva,
con que claramente temo
alguna desdicha enorme,
pues estando a todo atento
veo andar las avecillas
con funesto y triste vuelo
mudando en endechas tristes
sus concertados gorjeos;
cubierto el Sol y empañados
sus encendidos reflejos

con que enlutados los aires
hacen fúnebres sus ecos;
con que el corazón desmaya
hasta que, piadoso el cielo,
nos declare dónde vamos.

Eurosia
¿De qué te asustas, Cornelio?
¿No estamos ya en Aragón?

Cornelio
Es verdad que lo sospecho;
mas queda suspensa el alma
hasta saberlo de cierto.

Eurosia
En las manos de mi Dios
anda ya todo el suceso
de nuestra feliz jornada,
de que fin dichoso espero.

Arcisclo
Vamos, antes que las sombras
le arrastren capuz al Febo,
y el viento, monstruo de horrores,
sea etíope elemento,
para que llegar podamos
en algunos de estos pueblos
que encierran estas montañas.

Eurosia
No nos desampare el cielo.

Bodoque
Vamos pues, que los caballos
se están comiendo los frenos,
que piensan ser avestruces
para digerir los hierros.
¡Voto al Sol! Si no me engaño
por aquella parte veo

	que hacia acá se llega un hombre.
Arcisclo	También juzgo yo lo mesmo.
Cornelio	Con eso se alegra el alma, que por su medio sabremos dónde estamos.
Eurosia (Aparte.)	(¡Ay de mí! ¡Cielo divino! ¿Qué es esto? ¿Qué glorias espera el alma en lo bronco de estos cerros que parece que en sus grutas ha depositado el cielo el colmo de mi esperanza, noble gozo del deseo?)

(Grita de dentro.)

Mosquete	¡Laura, señora Leonor!
Bodoque	¿Quién diablos es el estruendo qué alborota aquestos montes? ¿Quién va allá?
Mosquete	En el infierno deben estar estas hembras, pues en todo aqueste tiempo no parecen en el mundo.
Bodoque	¿Quién va alla?

(Sale Mosquete.)

Mosquete	¡Jesús, Santelmo!
	....
Bodoque	¿No responde?
Mosquete	¿Si son éstos algunos moros que buscan que les diga otro secreto?
Cornelio	Amigo, escucha.
Mosquete	¿Quién llama?
Cornelio	No te apartes, así el cielo te haga dichoso en cuanto ha intentado tu deseo.
Mosquete	¿Qué? ¿Querías engañarme con halagos?
Cornelio	No es mi intentc engañar a nadie.
Mosquete (Aparte.)	(¿No? Aun me pelen si le creo. ¿Qué diré si me preguntan? No sé qué decir; si quiero escaparme con huir, me alcanzarán al momento, porque estoy lleno de callos con jamás tener silencio.)
Bodoque	¿Oye usted, señor hidalgo?

Mosquete	No se acerque, señor perro, que le tiro con un canto si se llega.
Bodoque	¡Majadero!
Cornelio	Calla, Bodoque, no alteres con amargos desatentos a quien puede ser la guía de todos nuestros aciertos.
Bodoque	Pues si perro me ha llamado, ¿he de callar?
Eurosia	El silencio es el que logra dichoso en la prudencia el imperio; éste es hombre muy sencillo, de aquéllos en quien el tiempo de la inocencia guardó para varios escarmientos de la vanidad del mundo, pues viviendo en estos cerros viven siempre muy gustosos sin los muchos devaneos que en la villa y ciudades a muchos les vuelven necios. Habladle con humildad y sabréis sus pensamientos.
Cornelio	Llégate, amigo, no temas.
Mosquete	¿Sois cristianos?

Bodoque	Y muy buenos,
	de los mejores del mundo,
	flamantes, lindos y nuevos.
Mosquete	Yo no me fío en cristianos
	que no son cristianos viejos.
Arcisclo	Por amor de Dios, amigo,
	si lo merece mi ruego,
	no te vayas.
Mosquete	¡Para el puto
	que no tuviera escarmiento,
	de haber topado otras veces
	quien me ha dado pan de perro!
Eurosia	Escucha, noble cristiano,
	y no extrañes el concepto
	de llamarte noble amigo,
	porque quien en todo tiempo
	de padres cristianos nace,
	es noble de nacimiento.
Mosquete	Es verdad, voto a mi sayo,
	y por eso, yo acá dentro
	me sentía siempre un rey,
	o algún marqués por lo menos.
(Aparte.)	(¡Vive Dios que es muy hermosa
	esta dama! Ya estoy cierto
	que no son moros. Si acaso
	me cogiera en tal concepto
	que de mí se enamorase,
	por Dios me casara luego
	con ella, a pesar de Laura.

Pero preguntarle quiero.)
¿Habéisme visto a Leonor?

Eurosia   Por quien preguntas no entiendo.

Mosquete   Una mujer de los diablos.

Bodoque   ¡Han visto tal embeleco!
                 ¿Los diablos tienen mujer?

Mosquete   ¿Eso dudas? Pues yo entiendo
                 que tienen tantas, que aina
                 verás del primer empeño
                 que sacan a puntillazos
                 a los diablos del infierno.

Eurosia   Dinos, ¿En qué tierra estamos,
                 qué rey gobierna estos reinos
                 y cómo tan despoblados
                 tiene todos estos pueblos?

Mosquete   Si me aseguráis la vida
                 diré todo lo que siento,
                 que, aunque no parecéis moros,
                 presto podéis parecerlo.

Cornelio   De mi parte te aseguro,
                 y por todos lo prometo,
                 no solo nunca ofenderte;
                 pero el agradecimiento
                 debido a merced tan grande.

Mosquete   Si me habéis de agradecerlo,
                 no sea en algunos palos.

Eurosia	Esta sortija es lo menos que te puede dar mi amor.
Mosquete	Ahora bien. Yo me acerco y con aquesta sortija estoy loco de contento. Ya parece que estas cosas van oliendo a casamiento.
Eurosia	Sácanos de nuestras dudas, que, por mi Dios, te lo ruego.
Mosquete	Decid primero quién sois.
Cornelio	Somos amigos bohemios.
Mosquete	¡Ta, ta, ta! Ya los conozco, por la fama, desde lejos.
Cornelio	Ésta es mi hermana y el Sol en cuyo lucido espejo, se mira toda Bohemia.
Mosquete	Agora bien, yo doy en ello; ¿qué mucho me calentare? Por Dios que sale a mal tiempo, y plegue a Dios no se eclipse antes de salir San Pedro.
Eurosia	¿Qué te alteró?
Mosquete	Grande mal.

Eurosia	Dilo al punto.
Mosquete	No me atrevo. ¡Gran desdicha!
Eurosia	No dilates declarar tu sentimiento.
Mosquete	¡Ay, señora! El moro lleva con rigor a sangre y fuego los pueblos de estas montañas, que lo restante del reino todo es suyo.
Eurosia	No respondes todo lo que te he propuesto.
Mosquete	Éste es, señora, Aragón, con cuyo cristiano cetro el príncipe don Fortunio te esperaba, y aun entiendo que te sale a recibir, por considerar el riesgo que corres; mas no sabrá que pasaste ya los puertos, porque, a saberlo, sin duda que fuera más pronto en ello.
Arcisclo	¡Gran desdicha!
Bodoque	¡Para el puto que pase de aqueste puesto!
Cornelio	Ya van saliendo verdades

las que iba el alma temiendo.

Eurosia
No temáis, tío y hermano,
fiad del amor inmenso
de aquel soberano Dios,
que, ajustando nuestro intento
con su voluntad, no hay duda,
guiará, fanal excelso,
la nave de nuestra vida
a tomar seguro puerto
donde las mejores dichas
nos quiera franquear el cielo.

Bodoque
Vuelta, rienda, que esto es malo;
huyamos aqueste riesgo.

Cornelio
¿Tiene mucha gente el rey
para resistirse?

Mosquete
                    Cierto
que faltando, yo presumo
que ande todo por el suelo,
que el moro tiene diez mil
y mi rey aun no diez cientos.

Cornelio
Con tanta desigualdad
seguro está el vencimiento
por los moros. ¡Qué desdicha!

Arcisclo
¡Cielo divino! ¿Qué es esto?
¿Y andan moros por aquí?

Mosquete
No pienso que están muy lejos,
que, prevenidos, aguardan

cogeros en cautiverio.

Bodoque   Volvamos atrás, señores,
hasta que en la Francia entremos,
que podremos esperar.

Arcisclo   ¿Qué te parece, Cornelio?

Cornelio   Tío y señor, gran desdicha
estoy mirando y temiendo.

Arcisclo   Volver atrás es cordura.

Cornelio   No parece mal intento.

Bodoque   No hay sujeto como yo
para dar un buen consejo.

Eurosia   ¿Qué es volver, tío y señor?
¿Adónde, hermano Cornelio?
Después de tantas fatigas,
¿volver a pasar los puertos?
Si el temor os acobarda,
¿no tiene el sagrado centro
de estas ásperas montañas
naturales pavimentos
en cuyas silvestres grutas
sin tanta inquietud podemos
esperar las ocasiones
en que con menores riesgos
podamos pasar al colmo
más feliz de nuestro intento?
(Aparte.)   (Ésta es la que solicito
y la que ha guardado el cielo

108

para más dichosos fines
ocultos en sus secretos.)

Mosquete   En este monte podéis
            esperar un poco tiempo
            subiendo por esta falda
            hasta llegar a unos huecos
            cubiertos de firmes rocas,
            que yo voy por estos cerros,
            si acaso puedo escurrirme,
            a dar al príncipe luego,
            si los moros no me zampan,
            noticias de este suceso.

(Vase Mosquete.)

Eurosia   Vamos luego, porque importa,
             antes que el pagano adverso
             nos descubra.

Cornelio   Ya podrás
             subir, hermana, al excelso
             pirámide, señalado
             para nuestro albergue.

Eurosia   Creo
             que la divina bondad
             de mi Dios me dará esfuerzo
             para llegar a la cumbre,
             donde consagrar espero
             mi vida a mi dulce Esposo,
             dulce fin de mis deseos.

Bodoque   Y los caballos, ¿qué harán?

Arcisclo	Eso viene a ser lo menos.
	Vamos, pues, que yo confío
	que nos ha de dar el cielo
	entre tantas inquietudes
	el más divino consuelo.
Cornelio	Las tristezas que hasta aquí
	en alegrías convierto,
	pues me dice el corazón
	acá dentro de mi pecho
	que tendrá nuestra jornada
	felicísimo suceso.
Eurosia	Llevando la fe de Cristo
	por blanco de nuestro intento,
	¿qué moro nos acobarda?
Arcisclo	Sobrina mía, el consuelo
	que más alboroza el alma
	es verte con tanto esfuerzo,
	de la fe de Cristo Atlante,
	que con esto nada temo.
Cornelio	¿Qué glorias puedo esperar
	quedando seguro y cierto
	de tu constancia, más vivas
	que las que dichoso espero,
	si en estas silvestres grutas
	por la fe de Cristo muero?
Eurosia	Dichosa yo que he llegado;
	mil veces dichosa puedo
	llamarme, pues que llegué

al colmo de mi deseo
y acompañada de dos
columnas del sacro templo
de aquel Salomón divino,
con cuyo arrimo bien puedo
asegurarme constante
en el más divino empleo,
hecha víctima dichosa
de mi esposo y de mi dueño.

Bodoque   No voy muy de buena gana,
porque me presumo y temo
que daremos en las llamas
pensando salir del fuego.

(Vanse. Hablan dentro.)

Atanael   Cercad todos esos montes,
que los caballos que tascan
esos prados pronostican
que tenemos ya la caza
en sus senos escondida.

(Salen los moros.)

Mecot   He de abrasar la montaña
si no topare en sus grutas
lo que mi valor contrasta.

Tarife   Subamos aquesta cuesta,
que, por huir su desgracia,
sin duda se habrán subido
hasta la cumbre más alta;
pero no se han de escapar

si la vida no me falta.

Mecot   ¡Qué penosa es esta cuesta!

Atanael   Prosigue: el paso adelanta
a esos riscos a quien ciñe
tanto plumaje de plata
de este arroyo, que es espejo
de tan excelsa montaña,
que el corazón adivina
que en habitación opaca
es toldo propicio a quien
buscan con furor mis ansias.

Tarife   No ha de escaparse persona
que siga la ley cristiana
de mi cuchillo arrogante.

Mecot   Aunque toda esta montaña,
como de plantas vestida,
de gente fuera poblada,
temblara de ver desnuda
esta corva cimitarra.

Atanael   De vuestro valor confío
que, a la mayor repugnancia,
daréis muestra de quien sois.
Hoy daréis nombre a la fama
con la dicha que esperamos,
que aquestas tiernas pisadas
me aseguran que han pasado
a ocultarse en la montaña
los dueños de los caballos
que están del monte a la falda.

Mecot	Ya parece que los tengo hechos treinta mil migajas.
Tarife	Detente, el paso reporta, que en aquella cueva opaca se suena rumor de gente.
Atanael	Ea, pues, moros, al arma, no quede persona viva si fuere gente cristiana; pero advertid que si fuese [esa] hermosa bohemiana que buscamos, no le deis la muerte.

(Corren una cortina y se ve dentro a los cristianos.)

Tarife	¡Qué grande caza! Nueve tenemos aquí. ¡Rendid, villanos, las armas!
Mecot	¿Qué gente sois? Advertid que mi capitán os manda que dejéis la fe de Cristo.
Cornelio	Eso no; antes la espada misma que ya te rendí, abra, moro, en mis entrañas puerta, por que el corazón misteriosamente salga a dar gracias a mi Dios de la vida que le aguarda.

Tarife	¿Cómo esperas tener vida si la muerte te amenaza solo por seguir a Cristo?
Cornelio	¡Oh, bárbaro, qué ignorancia te ocupa el pecho! ¿No sabes que el morir por Cristo es larga vida con que el justo vive en la bienaventuranza?
Bodoque	¿Por dónde podré escurrirme? ¡Que no tenga puerta falsa esta casa de peñascos, ni resquicios, ni ventanas!
Arcisclo	Valor, amigos, que es hora de dar ya sacrificadas las vidas a nuestro Dios.
Todos	Nunca el corazón desmaya para tan divina empresa; reciba Dios nuestras almas.
Mecot	Pues morid, fieros cristianos, y mi cuchilla esforzada sea instrumento a quien de Mahoma la fe santa deba aplausos contra injurias de la cristiana canalla.

(Entran y corren la cortina.)

Atanael	Advertid. Si entre estos mismos está aquella hermosa dama

que es princesa de Bohemia,
sacaréisla acá, que el alma
se promete reducirla
a la secta mahometana.

(Traen a Eurosia.)

Mecot   Ya quedan todos tendidos
                   en la tierra, cuyas ansias
                   publican en tristes quejas
                   el rigor de mi arrogancia.

Tarife   Esta sola es la que Alá
                   con algún misterio guarda
                   para esposa de mi rey.

Eurosia (Aparte.) (¡Divino Sol de mi alma,
                   alumbradme en claros giros,
                   no malogre la esperanza
                   que tuve de ser dichosa!)

Atanael   Lucero hermoso del alba,
                   ¿eres la princesa acaso
                   de Bohemia, cuya fama
                   extendida por el orbe
                   hizo publicar tus gracias?

Eurosia   Yo soy Eurosia y bohemia,
                   la mujer más desdichada
(Aparte.)   que tiene el mundo. (¿Si acaso
                   la corona me dilatas
                   del martirio, Virgen pura?)

Atanael   Dichosa serás si esmaltas

tus ojos, divinos soles,
en la secta mahometana.

Eurosia (Aparte.)   (¿Qué es esto? Cielos, valedme.
¿cómo entre mis camaradas
yo sola quedo con vida?
¿Cómo tanto se dilata
la corona, Esposo mío,
que tengo tan deseada?)

Atanael   Si dejas la fe de Cristo
serás, ilustre bohemiana,
la más dichosa mujer
del mundo, pues cuanto bañan
los rayos de Febo y Cintia
verás postrado a tus plantas.

Eurosia   Mal conoces mi valor:
¡qué fácilmente te engañas!

(Aparte.)   (¡Dulce Jesús de mi vida!
¿No es hora ya que mi alma
triunfe de los tormentos
que crueles me amenazan?)

Atanael   Resuélvete a lo que digo.

Eurosia   Tu porfía es excusada.

Atanael   Olvida a Fortún Garcés,
que, con Abén Lop casada,
podrás feliz coronarte
por Reina de toda España.

Eurosia   Nada estimo tus promesas,

que más noble Esposo aguarda
mi corazón. No dilates
con esa tirana espada
hacer lo mismo que hicieron
tus villanos camaradas
en los que, aunque yertos, viven
en la bienaventuranza.

Atanael   Quitadla de mi presencia,
y en esa cumbre más alta,
con la crueldad posible,
tomad en ella venganza
de la ofensa que a mis dioses
hace aquesta vil cristiana.

Tarife   Vamos, pues.

Eurosia   Cielo divino,
doy las muy debidas gracias
a tanto favor; no olvides,
ángel santo de mi guarda,
esta feminil criatura
que tienes encomendada.

(Baja un Ángel de lo alto y caen los moros en tierra.)

Ángel   ¿En qué quieres mi asistencia,
Eurosia, divina esposa
de Jesús?

Eurosia   A tu clemencia
postro toda mi obediencia
para ser la más dichosa.

Ángel	¿Qué pasión más te atormenta en tan riguroso trance?
Eurosia	La grave sed que avarienta quitarme la vida intenta antes que el martirio alcance.
Ángel	Con esta vara excelente, en esta montaña amena sacarás luego una fuente cristalina y aparente con que aliviarás tu pena. Toma la vara y darás con ella en la tierra dura, y a los tres golpes verás que raudales sacarás que coronen esta altura.
Eurosia	Ángel mío soberano, ¿qué favor tan singular me quieres comunicar? No merezco que esa mano me dé tanto que estimar; que padezca sed se ve pues lo pinta mi dolor, pero tambien mi Criador la padeció; pues ¿por qué no la ha de sufrir mi amor? Por que aumente mi dolor la tierra tengo de herir y la fuente ha de salir; mas a su vista mi amor esta sed ha de sufrir.

Ángel	No solo en aquesta sierra
	tu Esposo merced te fragua,
	mas en cuanto el mundo encierra
	tendrás dominio en el agua
	para que riegue la tierra.

Eurosia	Para el martirio, el valor
	de mi pecho no se aparte.

Ángel	Ya te asegura mi amor
	estar siempre de tu parte.

(Súbese el Ángel.)

Eurosia	Dios te conserve en su amor.
	Tierra, al Criador sabéis
	que el respeto obedencial
	os toca; si no tenéis
	agua ni os es natural,
	sacad, que sudar podéis.

(Da los tres golpes con la vara en tierra y sale agua.)

¡Qué milagro prodigioso!
¡Que merezca, Esposo mío,
dulce Dueño, amado Esposo,
tanto favor! Fervoroso
os da gracias mi albedrío.
¡Qué hermosa fuente salió!

(Vuelven en sí los moros.)

Atanael	¿Qué turbación es aquésta?

Tarife	Un resplandor me cegó bajando por esta cuesta que el aliento me quitó.
Mecot	Sin duda Mahoma ha enviado algún garzón de su casa y a esforzarnos ha bajado, aunque nuestra suerte escasa nos haya puesto en cuidado.
Atanael	Al instante dad la muerte a esa cristiana atrevida, antes que otro amago fuerte nos dé Mahoma de suerte que nos deje aquí sin vida.
Tarife	Para que más gusto demos a nuestro profeta santo, ¿qué castigo le daremos?
Mecot	La cabeza le cortemos.
Eurosia (Aparte.)	(¡Qué alborozo, cielo santo! ¡Qué alegría tengo en mí con la sentencia que oí!)
Atanael	Atormentadla a porrazos, cortarle piernas y brazos, y en estando puesta así, yo mismo, con mi destreza, le quitaré la cabeza.
Mecot	Vamos, vamos.

Eurosia	Ya te sigo.
	¡Dulce Jesús, id conmigo!
Tarife	¡Por Alá que es linda pieza!
Atanael	Esto digo por si acaso
	la reducirá el temor.
	No ames tanto tu dolor,
	Eurosia, por ti me abraso;
	convierte a mi ley tu amor.
Eurosia	Desengáñate, inhumano,
	que no tengo de dejar
	a mi Esposo singular
	por tu mala fe. Tirano,
	¿qué pretendes conquistar?
Atanael	Convertirte si es posible
	a mi ley.
Eurosia	Vas engañado
	con esta fe tan horrible.
Atanael	Ya me tienes apurado
	con esa flema insufrible.
Eurosia	Dulce Jesús de mi vida,
	¿qué es del día tan dichoso
	que ganándoos para esposo
	he de hacer yo mi partida?
Atanael	Ya estoy contigo furioso.
Tarife	Paréceme que no acierta

en matarla o estoy loco.

Mecot   Yo rabio por verla muerta.

Atanael   Llévala, que poco a poco
               podrá ser que se convierta.

(Vanse y llevan a Eurosia. Salen Mosquete y Laura.)

Mosquete   Laura mía, ¡que te veo!
               ¿Eres Laura o eres diablo?
               ¡Sí, por vida de San Pablo,
               que te veo y no lo creo!

Laura   ¡Qué bien se ve lo que estimas
               mi fino amor, bodeguero!

Mosquete   ¿De cuándo acá a tabernero
               mi noble oficio sublimas?

Laura   ¿Qué oficio tienes, Mosquete,
               que logra tan noble fama?

Mosquete   Guardacarne de tu ama,
               y de mi amo alcahuete.

Laura   ¿Cómo nos fuiste a dejar
               solas en el campo, aleve?

Mosquete   ¿Cómo? Como quien se atreve,
               os dejé y me fui a pillar.

Laura   Yo con mi ama Leonor
               me volví luego al instante.

Mosquete	¿No os cogieron?
Laura	Es constante.
Mosquete	¿Qué es del conde mi señor?
Laura	Con el príncipe quedó y creo que viene allí.
Mosquete	Hoy gano albricias aquí.
Laura	¿De qué?
Mosquete	Ya me lo sé yo.

(Salen el Príncipe, el Conde y Leonor.)

Conde	La gente está prevenida; dispóngase la jornada, señor, al punto, que es cierto hay peligro en la tardanza.
Príncipe	¿Qué número de soldados es el que nos acompaña?
Conde	Cuatrocientos montañeses tan esforzados que bastan a conquistar medio mundo.
Príncipe	¿Y están vestidos de gala? Notable victoria ha sido.
Conde	Victoria ha sido extremada.

Príncipe	A ti, valiente Leonor, se debe.
Leonor	Y a todas cuantas vistieron esta librea; que la Virgen soberana en una de su familia me dio la moda bizarra. Ésta fue Eurosia; que vive en la celestial morada, cuya cuchilla arrogante, por quien fue martirizada, nos dio tan grande victoria por timbre de nuestras armas.
Príncipe	Por tanto favor del cielo a María sacrosanta prometo un templo devoto con invocación sagrada de Virgen de la Victoria; y por seguir las pisadas de la que amé por esposa hasta la celeste patria, en el convento de Leire daré fin a mi esperanza.
Conde	Aquesta ciudad ilustre dará a María las gracias, el primer viernes de mayo de merced tan señalada todos los años; y a Eurosia tendrá la ciudad de Jaca por su ínclita patrona.

Leonor	Estos moros a las plantas de vuestra alteza rendidos postran toda su arrogancia.
Conde	Y también de cuatro reyes las cabezas coronadas.

(Sale Mosquete con una bandera vieja.)

Mosquete	Y también esta bandera que quité a bofetadas a veinte moros ya muertos a pellizcos y a patadas.
Príncipe	Con tan insignes trofeos entronizan la cruz blanca de tantos moros vencidos las banderas y las lanzas añadiendo estas cabezas al escudo de sus armas.
Mosquete	Con esto, señores míos, ya parece cosa honrada que ponga fin a su historia la joya de las montañas.

Fin de la comedia

.

Libros a la carta

A la carta es un servicio especializado para

empresas,

librerías,

bibliotecas,

editoriales

y centros de enseñanza;

y permite confeccionar libros que, por su formato y concepción, sirven a los propósitos más específicos de estas instituciones.

Las empresas nos encargan ediciones personalizadas para marketing editorial o para regalos institucionales. Y los interesados solicitan, a título personal, ediciones antiguas, o no disponibles en el mercado; y las acompañan con notas y comentarios críticos.

Las ediciones tienen como apoyo un libro de estilo con todo tipo de referencias sobre los criterios de tratamiento tipográfico aplicados a nuestros libros que puede ser consultado en Linkgua-ediciones.com .

Linkgua edita por encargo diferentes versiones de una misma obra con distintos tratamientos ortotipográficos (actualizaciones de carácter divulgativo de un clásico, o versiones estrictamente fieles a la edición original de referencia).

Este servicio de ediciones a la carta le permitirá, si usted se dedica a la enseñanza, tener una forma de hacer pública su interpretación de un texto y, sobre una versión digitalizada «base», usted podrá introducir interpretaciones del texto fuente. Es un tópico que los profesores denuncien en clase los desmanes de una edición, o vayan comentando errores de interpretación de un texto y esta es una solución útil a esa necesidad del mundo académico.

Asimismo publicamos de manera sistemática, en un mismo catálogo, tesis doctorales y actas de congresos académicos, que son distribuidas a través de nuestra Web.

El servicio de «libros a la carta» funciona de dos formas.

1. Tenemos un fondo de libros digitalizados que usted puede personalizar en tiradas de al menos cinco ejemplares. Estas personalizaciones pueden ser de todo tipo: añadir notas de clase para uso de un grupo de estu-

diantes, introducir logos corporativos para uso con fines de marketing empresarial, etc. etc.

2. Buscamos libros descatalogados de otras editoriales y los reeditamos en tiradas cortas a petición de un cliente.

www.ingramcontent.com/pod-product-compliance
Lightning Source LLC
LaVergne TN
LVHW041258080426
835510LV00009B/788